ULTIMATIVNA KUHARICA CINCO DE MAYO

Od Tacosa do Tresa Leches , otkrijte pravu esenciju Cinco de Mayo sa 100 ukusnih recepata

Josip Božić

Materijal autorskih prava ©2024

Sva prava pridržana

Nijedan dio ove knjige ne smije se koristiti ili prenositi u bilo kojem obliku ili na bilo koji način bez odgovarajućeg pisanog pristanka izdavača i vlasnika autorskih prava, osim kratkih citata korištenih u recenziji . Ovu knjigu ne treba smatrati zamjenom za medicinske, pravne ili druge stručne savjete.

SADRŽAJ

SADRŽAJ 3
UVOD 6
TACOS 7
   1. Pileći tacosi u sporom kuhanju 8
   2. Pileći taco s citrusima i biljem 10
   3. Tinga tacosi od slatkog krumpira i mrkve 12
   4. Tacosi od krumpira i choriza 14
   5. Ljetni Calabacitas Tacosi 16
   6. Kremasti tacos od piletine i avokada 18
   7. Svinjski tacos na žaru i salsa od papaje 20
   8. Tacosi od isjeckane svinjetine 22
   9. Tacos od piletine i kukuruza s maslinama 24
   10. Chili Verde Tacos s piletinom 26
   11. Tacos od pougljenjenog kukuruza s piletinom Cheddar 28
   12. od škampa i crnog graha na žaru 30
   13. Tacosi od crne Cabo ribe 32
   14. Začinjeni tacosi od škampa 34
   15. Tacos od tilapije 36
   16. Pileći tacosi s rižom i šerijem 38
   17. Piletina na žaru i taco od crvene paprike 40
GOVEDINA I JANJEĆINA 42
   18. Tacos od govedine 43
   19. Govedina, divlje gljive i Poblano Tacos 45
   20. Tacosi s malo masnoće govedine i graha 47
   21. Goveđi Cheddar Tacos 49
   22. BBQ goveđi tacos 51
   23. Tacos de Barbacoa 53
ENCHILADAS 55
   24. Enchilade sa škampima i sirom 56
   25. piletinom i sirom s Verdeom 58
   26. Vegetarijanske enchilade od crnog graha i sira ... 60
   27. Osnovne goveđe enchilade 62
   28. Enchilade s govedinom i grahom 64
   29. Začinjene goveđe enchilade 66
   30. Enchilade od miješanog graha 68
   31. Lazanje od crnog graha Enchilada 70
   32. Pileće enchilade sa sirom 72
   33. Kremaste pileće enchilade sa Poblano umak 74
   34. Pileće enchilade s verde umakom 77
   35. Kremaste pileće enchilade s tomatillo umakom .. 79
   36. Enchilada Nachos s piletinom 82

37. Enchilade od crnog graha i kukuruza 84
RIBA I PLODOVI MORA 86
38. Enchilade sa škampima 87
39. Enchilade od rakova 89
40. Enchilade s plodovima mora 91
41. Enchilade od lososa 93
42. Goveđe enchilade s domaćim umakom 95
43. Goveđe enchilade sa zelenim umakom 97
44. Goveđe enchilade u sporom kuhanju 99
GVAKAMOLE 101
45. Guacamole s češnjakom 102
46. Guacamole s kozjim sirom 104
47. Humus Guacamole 106
48. Kimchi Guacamole 108
49. Spirulina Guacamole Dip 110
50. Guacamole s kokos limetom 112
51. Nori Guacamole 114
52. Guacamole od marakuje 116
53. Moringa Guacamole 118
54. Mojito Guacamole 120
55. Mimosa Guacamole 122
56. Guacamole od suncokreta 124
57. Guacamole od zmajevog voća 126
TAMALES 128
58. Cinco De Mayo Margarita Tamales 129
59. Novi meksički svinjski tamales 131
60. Tamales od crvene čile svinjetine 134
61. Narezano meso Tamales 137
62. Narezani svinjski tamales 140
63. Time-Warp Tamales 143
64. Tamales s piletinom i salsa verde 146
65. Pileći tamale s paprikom i umakom od bosiljka 149
66. Čileanski začinjeni pire kukuruzni tamales 152
67. Succotash Tamales 154
68. Tamales od slatkog graha 156
69. Slatki tamales od crne riže s Ha Gowom 159
70. Tamale lonac od zelenog kukuruza 163
71. Kupus Tamales 165
72. Chilahuates (tamales umotan u lišće banane) 167
73. Tamales od škampa i kukuruza 170
74. Tamales od jastoga i avokada 172
75. Rakovi i tamales pečene crvene paprike 174
76. Tamales od lososa i kopra 176

CURROS **178**
77. Osnovni prženi Churros 179
78. Osnovni pečeni Churros 181
79. Churros s cimetom 184
80. Churros s pet začina 186
81. Začinjeni kukuruzni Churros 188
82. Čokoladni Churros 191
83. Churros punjen karamelom 193
84. Dulce De Leche Churros 195

ROŽATA **197**
85. Čokoladni kolač 198
86. Vanilija Baileys Caramel Flan 200
87. Začinjeni Horchata flan 202
88. piment flan 205

TRES LECHES KOLAČ **207**
89. Passionfruit Tres Leches torta 208
90. Guava Tres Leches torta 211
91. Baileys Tres Leches torta 214
92. Bijeli ruski Tres Leches 217
93. Breskva Bourbon Tres Leches 220
94. Margarita Tres Leches torta 223
95. Pumpkin Spice Tres Leches torta 226
96. Cinnamon Tres Leches torta 229

DESERTNE DASKE **232**
97. Desertna ploča Cinco De Mayo Fiesta 233
98. Churro ploča za desert 235
99. Desertna ploča Tres Leches 237
100. Meksička voćna salata Desertna ploča 239

ZAKLJUČAK **241**

UVOD

Predstavljamo "ULTIMATIVNA KUHARICA CINCO DE MAYO," vašu putovnicu za živahan i ukusan svijet proslava Cinco de Mayo. Na ovom kulinarskom putovanju pozivamo vas da istražite pravu bit ovog blagdana uz odabranu zbirku od 100 slatkih recepata koji se protežu od tacosa do tresova leche i sve između. Cinco de Mayo je više od pukog dana komemoracije; to je slavlje meksičke kulture, povijesti i, naravno, nevjerojatne kuhinje.

Na stranicama ove kuharice otkrit ćete riznicu recepata koji hvataju duh i okuse Cinco de Mayo. Od klasičnih jela kao što su tacosi, enchilade i guacamole do svečanih deserata kao što su churros, flan i, naravno, tres leches tortu, svaki je recept osmišljen kako bi dočarao jarke boje i odvažne okuse meksičke kuhinje. Bez obzira organizirate li feštu s prijateljima ili jednostavno želite uživati u ukusnom obroku sa svojom obitelji, ovi će recepti zasigurno oduševiti vaše nepce i odvesti vas u srce Meksika. Ono što izdvaja "ULTIMATIVNA KUHARICA CINCO DE MAYO" je predanost autentičnosti i kulinarskoj izvrsnosti. Svaki je recept pomno odabran i testiran kako bi se osiguralo da obuhvaća pravu bit Cinco de Mayo, odajući počast bogatoj kulinarskoj tradiciji Meksika, a istovremeno pružajući moderan zaokret za današnje kuhare kod kuće . S uputama koje je lako slijediti, korisnim savjetima i zadivljujućim fotografijama, ova kuharica vaš je vodič za stvaranje nezaboravnih gozbi Cinco de Mayo.

Dok zajedno krećemo u ovu kulinarsku avanturu, najtoplije zahvaljujem što ste mi se pridružili u slavljenju živih okusa i bogate kulturne baštine Cinco de Mayo. Neka vaša kuhinja bude ispunjena mirisima cvrčajućih tacosa, pikantnih salsa i dekadentnih slastica, a svaki zalogaj neka vas približi duhu ovog radosnog blagdana. Dakle, zgrabite svoju pregaču, naoštrite noževe i pripremite se da krenete na ukusno putovanje kroz okuse Meksika. ¡Viva Cinco de Mayo!

TACOS

1. Pileći tacosi u sporom kuhanju

SASTOJCI:
- 2 kilograma pilećih prsa ili bataka
- 8 komada organskih ili običnih tortilja
- 1 šalica organske ili domaće salse
- ½ šalice vode
- 2 žličice mljevenog kima
- 2 žličice čilija u prahu
- 1 žličica češnjaka u prahu
- 1 žličica mljevenog korijandera
- ¼ žličice kajenskog papra (više za više topline)
- ½ žličice morske soli
- ¼ žličice crnog papra
- Dodaci: svježe nasjeckano povrće po izboru, svježi cilantro, masline, avokado, svježa salsa, kriška limete itd.

UPUTE:
a) Stavite komade piletine u sporo kuhalo zajedno s vodom, mljevenim kimom, čilijem u prahu, češnjakom u prahu, mljevenim korijanderom, kajenskim paprom, soli i paprom. Pomiješajte kako biste premazali piletinu.
b) Kuhajte 4 do 5 sati na visokoj temperaturi.
c) Izvadite piletinu i narežite je. Vratite u lonac i kuhajte još 30 minuta.
d) Poslužite piletinu u tortiljama i dodajte salsu i dodatke po izboru.

2.Pileći taco s citrusima i biljem

SASTOJCI:
TACOS
- 6 pilećih bataka, s kožom
- 3 pileća prsa, s kožom
- 2 limete, korica i sok
- 2 limuna, korica i sok
- 1 šalica miješanog svježeg začinskog bilja
- ¼ šalice vermuta ili suhog bijelog vina
- ¼ šalice maslinovog ulja
- 1 žličica prepečenog kumina
- 1 žličica korijandera, prepečenog
- 1 žličica češnjaka, mljevenog

IDEJE ZA UKRAS:
- Ubrani cilantro kriške limete rotkvice štapići šibica
- Julienned zelena salata (špinat, iceberg, maslac ili kupus)
- Pico de Gallo
- Rendani sir
- Kiselo vrhnje
- Ukiseljene ljute papričice

ZA SASTAVLJANJE
- 12 tortilja od brašna

UPUTE:
TACOS
a) Pomiješajte sve sastojke i ostavite piletinu da se marinira najmanje 4 sata.
b) Piletinu prvo pecite na roštilju s kožom prema dolje.
c) Kad se dovoljno ohladi za rukovanje grubo nasjeckajte.

ZA SASTAVLJANJE TACOSA
a) Uzmite dvije tortilje i u svaku stavite oko ¼ piletine i nadjenite željene ukrase.
b) Uz tacose poslužite salatu od crnog graha i riže.

3.Tinga tacosi od slatkog krumpira i mrkve

SASTOJCI:
- ¼ šalice vode
- 1 šalica tanko narezanog bijelog luka
- 3 češnja češnjaka, mljevena
- 2 ½ šalice ribanog slatkog krumpira
- 1 šalica naribane mrkve
- 1 konzerva (14 unci) rajčice narezane na kockice
- 1 žličica meksičkog origana
- 2 Chipotle paprike u adobo
- ½ šalice temeljca od povrća
- 1 Avokado, narezan na ploške
- 8 tortilja

UPUTE:
a) U veliku tavu na srednje jakoj vatri dodajte vodu i luk te kuhajte 3-4 minute dok luk ne postane proziran i omekša. Dodajte češnjak i nastavite kuhati, miješajući 1 minutu.
b) Dodajte batat i mrkvu u tavu i kuhajte 5 min često miješajući.

UMAK:
c) Stavite rajčice narezane na kockice, povrtni temeljac, origano i chipotle papriku u blender i miksajte dok ne postane glatko.
d) U tavu dodajte chipotle-umak od rajčice i kuhajte 10-12 minuta uz povremeno miješanje dok se batat i mrkva ne skuhaju . Po potrebi u tavu dolijte još temeljca od povrća.
e) Poslužite na toplim tortiljama i nadjenite ploške avokada.

4.Tacosi od krumpira i choriza

SASTOJCI:
- 1 žlica biljnog ulja, po želji
- 1 šalica luka, bijelog, mljevenog
- 3 šalice krumpira, oguljenog, narezanog na kockice
- 1 šalica veganskog choriza, kuhanog
- 12 tortilja
- 1 šalica vaše omiljene salse

UPUTE:
a) Zagrijte 1 žlicu ulja u velikoj tavi na srednje niskoj temperaturi. Dodajte luk i kuhajte dok ne omekša i postane proziran, oko 10 minuta.
b) Dok se luk kuha, stavite narezani krumpir u manji lonac sa slanom vodom. Zagrijte vodu na jakoj vatri. Smanjite temperaturu na srednju i pustite da se krumpir kuha 5 minuta.
c) Ocijedite krumpir i dodajte ga u tavu s lukom. Pojačajte vatru na srednje jaku. Kuhajte krumpire i luk 5 minuta ili dok krumpiri ne počnu smeđiti. Po potrebi dodajte još ulja.
d) Dodajte kuhani chorizo u tavu i dobro promiješajte. Kuhajte još jednu minutu.
e) Posolite i popaprite.
f) Poslužite uz tople tortilje i salsu po izboru.

5.Ljetni Calabacitas Tacosi

SASTOJCI:
- ½ šalice juhe od povrća
- 1 šalica luka, bijelog, sitno nasjeckanog
- 3 režnja češnjaka, mljevenog
- ¼ šalice povrtnog temeljca ili vode
- 2 Velike tikvice narezati na kockice
- 2 šalice rajčice, narezane na kockice
- 10 tortilja
- 1 Avokado, narezan na ploške
- 1 šalica omiljene salse

UPUTE:
a) U velikom loncu s debelim dnom postavite na srednju temperaturu; znojite luk u ¼ šalice juhe od povrća 2 do 3 minute dok luk ne postane proziran.
b) Dodajte češnjak i ulijte preostalu ¼ šalice juhe od povrća, poklopite i pustite da se kuha na pari.
c) Otklopite, dodajte tikvice i kuhajte 3-4 minute dok ne počnu omekšavati.
d) Dodajte rajčicu i kuhajte još 5 minuta, ili dok svo povrće ne omekša.
e) Začinite po želji i poslužite na toplim tortiljama s ploškama avokada i salsom.

6. Kremasti tacos od piletine i avokada

SASTOJCI:
- 1 unca zrelog avokada
- 2 žlice nemasnog prirodnog jogurta
- 1 žličica soka od limuna
- Sol i papar
- Nekoliko nasjeckanih listova zelene salate
- 1 ljutika ili 3 mlada luka, orezana i narezana.
- 1 rajčica narezana na kriške
- Četvrtina paprike, sitno nasjeckane
- 2 Taco školjke
- 2 unce pečene piletine, narezane na kriške

UPUTE:
a) U maloj zdjeli zgnječite avokado vilicom dok ne postane glatko. Dodajte jogurt i limunov sok i miješajte dok se ne sjedine. Posolite i popaprite.
b) Pomiješajte zelenu salatu, ljutiku ili mladi luk, rajčicu i zelenu ili crvenu papriku.
c) Zagrijte ljuske tacosa na umjerenom žaru 2 do 3 minute.
d) Izvadite ih i napunite smjesom salate. Na vrh stavite piletinu i žlicom prelijte preljev od avokada. Poslužite odmah.

7.Svinjski tacos na žaru i salsa od papaje

SASTOJCI:
- 1 papaja; oguljen, bez sjemenki, izrezan na kockice od ½ inča
- 1 mali crveni čili; očišćen od sjemenki i sitno nasjeckan
- ½ šalice crvenog luka; nasjeckana
- ½ šalice crvene paprike; nasjeckana
- ½ šalice svježih listova metvice; nasjeckana
- 2 žlice soka limete
- ¼ funte svinjskog pečenja bez kostiju; izrezati na trakice
- ½ šalice svježe papaje; nasjeckana
- ½ šalice svježeg ananasa; nasjeckana
- 10 Zagrijane tortilje od brašna
- 1½ šalice Monterey Jack sira; isjeckan (6 oz)
- 2 žlice margarina ili maslaca; rastopljeni

UPUTE:
a) Kuhajte svinjetinu u tavi od 10 inča na srednjoj vatri oko 10 minuta, povremeno miješajući, dok više ne postane ružičasta; odvoditi.

b) Umiješajte papaju i ananas. Zagrijte uz povremeno miješanje dok ne postane vruće. Zagrijte pećnicu na 425F.

c) Žlicom stavite otprilike ¼ šalice svinjske mješavine na polovicu svake tortilje; na vrh stavite oko 2 žlice sira.

d) Presavijte tortilje nadjevom. Rasporedite pet punjenih tortilja u nenamazanu posudu za rolade od želea, 15 ½x10 ½x1 inča; premažite otopljenim margarinom.

e) Pecite nepokriveno oko 10 minuta ili dok ne porumeni. Ponovite s preostalim tacosima. Poslužite s Papaya Salsom.

8.Tacosi od isjeckane svinjetine

SASTOJCI:
- ½ funte svinjskog pečenja
- 12 mekanih domaćih tacosa
- 1 šalica narezanog luka
- ½ šalice nasjeckane rajčice i 1 avokado
- 1 konzerva rajčica i 2-3 jalapeno čilija
- ½ šalice umaka od kiselog vrhnja
- 1 ancho čili i 1 šalica vode
- 1 šalica narezane zelene salate
- ½ žličice soli i papra
- 1 šalica nasjeckanog cheddar sira

UPUTE:
a) Uzmite veliki lonac i dodajte nasjeckano svinjsko meso, povrće, vodu i začine, kuhajte 20 minuta uz povremeno miješanje. Povrće i pileće meso izvadite iz tekućine od kuhanja i narežite na sitne komadiće.

b) Složite domaće tortilje sa zelenom salatom, svinjskim mesom, povrćem, umakom od vrhnja, nasjeckanim sirom, kockicama rajčice i avokadom.

9.Tacos od piletine i kukuruza s maslinama

SASTOJCI:

- ⅔ šalice plus 2 žlice. kuhana pileća prsa; isjeckan
- 1 pakiranje Taco mješavine začina
- 3 unce konzerviranog meksičkog kukuruza; ocijeđeno
- 4 ljuske tacosa ili tortilje od brašna
- ⅓ šalice plus 1 žlica. zelena salata; isjeckan
- ½ srednje rajčice; nasjeckana
- 1 žlica plus 2 žličice narezanih zrelih maslina
- 1 unca nasjeckanog cheddar sira

UPUTE:

a) Pomiješajte piletinu i mješavinu začina za taco u tavi na srednje jakoj vatri.
b) Dodajte količinu vode naznačenu na pakiranju za taco punjenje. Pustite da prokuha. Smanjite vatru na srednju.
c) Kuhajte 5-10 minuta uz povremeno miješanje ili dok voda ne ispari. Umiješajte kukuruz i kuhajte dok se potpuno ne zagrije.
d) U međuvremenu zagrijte ljuske tacosa ili tortilje prema uputama na pakiranju. Napunite svaku školjku s ¼ šalice pilećeg nadjeva.
e) Svaku stavite zelenom salatom, rajčicom, maslinama i sirom.

10.Chili Verde Tacos s piletinom

SASTOJCI:
- 3 šalice nasjeckanog kupusa
- 1 šalica svježeg cilantra -- lagano pakiranog
- 1 šalica zelene čili salse
- 1 funta pilećih prsa bez kostiju i kože
- 1 žličica ulja za salatu
- 1 Pileća prsa bez kože i kostiju -- narezana po dužini
- 3 češnja češnjaka -- mljevena
- 1 žličica mljevenog kima
- ½ žličice sušenog origana
- 8 Tortilje od brašna
- Smanjena masnoća ili redovita

UPUTE:
a) Pomiješajte kupus, cilantro i salsu u posudi za posluživanje; Staviti na stranu.
b) Narežite piletinu poprečno na trake širine ½ inča. U tavi s neprijanjajućim premazom od 10 do 12 inča na srednje jakoj vatri miješajte ulje, luk i češnjak 2 minute. Pojačajte vatru, dodajte piletinu i često miješajte dok meso više ne bude ružičasto u sredini, 4 do 6 minuta.
c) Dodajte kumin i origano; miješajte 15 sekundi. Žlicom stavljajte u zdjelu za posluživanje. 3.
d) Zamotajte tortilje u platneni ručnik i pecite u mikrovalnoj pećnici na punoj snazi dok se ne zagriju, oko 1½ minute. Za stolom žlicom stavljajte mješavine kupusa i piletine u tortilje.

11. Tacos od pougljenjenog kukuruza s piletinom Cheddar

SASTOJCI:
- ⅔ šalice plus 2 žlice. kuhana pileća prsa; isjeckan
- 1 pakiranje Taco mješavine začina
- 3 unce pougljenjenog kukuruza
- 4 ljuske tacosa ili tortilje od brašna
- ⅓ šalice plus 1 žlica. zelena salata; isjeckan
- ½ srednje rajčice; nasjeckana
- 1 žlica plus 2 žličice narezanih zrelih maslina
- Kiselo vrhnje
- 1 unca nasjeckanog cheddar sira

UPUTE:
a) Pomiješajte piletinu i mješavinu začina za taco u tavi na srednje jakoj vatri.
b) Dodajte količinu vode naznačenu na pakiranju za taco punjenje. Pustite da prokuha.
c) Smanjite vatru na srednju. Kuhajte 5-10 minuta uz povremeno miješanje ili dok voda ne ispari.
d) Umiješajte kukuruz i kuhajte dok se potpuno ne zagrije.
e) U međuvremenu zagrijte ljuske tacosa ili tortilje prema uputama na pakiranju. Napunite svaku školjku s ¼ šalice pilećeg nadjeva.
f) Svaku stavite zelenom salatom, rajčicom, maslinama i sirom.
g) Odozgo prelijte kiselim vrhnjem.

12.od škampa i crnog graha na žaru

SASTOJCI:
- 1 funta oguljenih škampa
- 12 kukuruznih tortilja
- 2 žlice čilija u prahu
- 1 ½ žlica cijeđenog soka limete
- 1 šalica crnog graha
- Pico de Gallo
- ½ žličice djevičanskog maslinovog ulja
- ¼ žličice soli
- 6 ražnjića

UPUTE:
a) Prethodno zagrijte roštilj, zatim pripremite umak, zagrijavajući crni grah, sok od limete, čili u prahu i sol u srednjoj tavi.
b) se stvori glatka pasta , pripremite ražnjiće od škampa. Potrebno ih je pržiti oko 1-2 minute s obje strane, a zatim svaku kozicu premažite kistom i pecite na roštilju još 2 minute.
c) Napravite svoju tortilju, dodajući škampe, umak i začine.

13. Tacosi od crne Cabo ribe

SASTOJCI:
- 1½ funte bijele ribe i 8 unci riblje marinade
- 12 kukuruznih tortilja
- ¾ funte azijske slane
- 9 žlica kiselog vrhnja od limete
- 4 unce maslaca
- 7 žlica chipotle aiolija
- 7 žlica Pico de Gallo
- 2 žlice začina crnog papra
- Chipotle Aioli
- ¾ šalice majoneze
- 1 žličica soka od limete
- 1 žlica senfa
- Košer sol i mljeveni crni papar
- 2 chipotle paprike

UPUTE:
a) U srednje velikoj tavi počnite topiti neslani maslac, dodajte mariniranu bijelu ribu, pospite malo crnog papra i pržite ih 2 minute s obje strane.
b) Zagrijte svaku tortilju s obje strane i dodajte prženu piletinu, chipotle aioli umak, nekoliko Pico de Gallo, malo azijske slane slastice i malo začina.

14. Začinjeni tacosi od škampa

SASTOJCI:
- 4 tortilje s niskim udjelom ugljikohidrata
- 4 žlice mango salsa umaka
- 16 velikih kozica
- 1 žlica svježe nasjeckanog cilantra
- 1 šalica Romaine zelene salate
- ½ šalice cheddar sira
- 4 žličice čili umaka
- ½ šalice pirjanog luka
- Sok od 1 limete

UPUTE:

a) Započnite s škampima tako da ih marinirate i ubacite u siracha umak 5 minuta.

b) Uključite roštilj i pržite luk nekoliko minuta, dok se dobro ne skuha.

c) Položite svaku tortilju i nadjenite vrhnje, škampe, zelenu salatu, nasjeckani sir, grilani luk i druge začine.

15.Tacos od tilapije

SASTOJCI:
- 1 funta ribljeg filea tilapije
- 2 tortilje od bijelog kukuruza
- ½ narezanog avokada
- ¼ žličice maslinovog ulja
- 1 rajčica
- 1 bijeli luk
- 1 sok od limete
- 1 šaka cilantra

UPUTE:
a) U zagrijanoj pećnici počnite peći tortilje i riblji file tilapije s obje strane, ali ribu začinite s malo maslinovog ulja, soli i papra. U srednjoj zdjeli pomiješajte rajčicu, sok od limete , luk i začine.
b) Preko svake tortilje stavite lijepi sloj naribane ribe, dodajte smjesu iz zdjele i narezani avokado, pa na to stavite preostalu ribu.

16.Pileći tacosi s rižom i šerijem

SASTOJCI:
- 2 kilograma pilećih dijelova
- ¼ šalice brašna
- 2 žličice soli
- ¼ žličice papra
- 1 šalica luka, nasjeckanog
- ¼ šalice maslaca
- 2 žlice Worcestershire umaka
- ¼ žličice češnjaka u prahu
- 1 šalica čili umaka
- 1½ šalice pileće juhe
- 3 šalice vruće kuhane riže
- ½ šalice suhog šerija

UPUTE:
a) Uvaljajte piletinu u pomiješano brašno, sol i papar.
b) Smeđe u margarinu.
c) Gurnite piletinu na jednu stranu.
d) Dodajte luk i pirjajte dok ne bude proziran.
e) Umiješajte preostale sastojke osim riže. Zakuhajte, poklopite i smanjite vatru, a zatim kuhajte 35 minuta.
f) Poslužite piletinu i umak preko sloja rahle riže.

17. Piletina na žaru i taco od crvene paprike

SASTOJCI:
- 1½ funte piletine bez kostiju i kože b
- 2 pečene crvene paprike
- 2 stabljike celera, oprane i narezane na ploške
- 1 med crveni luk, oguljen i nasjeckan
- ½ šalice kuhanog crnog graha
- ¼ šalice nasjeckanih listova cilantra
- ¼ šalice balzamičnog octa
- ¼ šalice ulja
- ¼ šalice soka od naranče
- ¼ šalice soka od limete
- 2 režnja češnjaka, oguljena i mi
- 1 žličica mljevenog korijandera
- ½ žličice papra
- ½ žličice soli
- ¼ šalice kiselog vrhnja ili nemasnog jogurta
- 6 (8 inča) tortilja od brašna

UPUTE:
a) ZAPALITE ROŠTILJ ILI PRETHODNO ZAGRIJTE broilere. Pileća prsa istucite na jednaku debljinu i pecite na roštilju ili pecite s obje strane dok se ne ispeku , ali ne osuše, oko 4 minute sa strane. Paprike ima smisla peći na roštilju u isto vrijeme. Narežite i ostavite sa strane.
b) Pomiješajte papriku, celer, luk, crni grah i cilantro u zdjeli za miješanje. Pomiješajte ocat, ulje, sok od naranče, sok od limete , češnjak, korijander i papar. Pomiješajte sa solju i kiselim vrhnjem ili jogurtom u staklenku s čvrstim poklopcem. Dobro protresite i dresingom prelijte povrće.
c) Marinirajte povrće 1 sat na sobnoj temperaturi. Stavite veliku tavu na srednju vatru i pecite tortilje 30 sekundi sa strane da omekšaju. Za posluživanje, podijelite piletinu na tortilje, stavite je u sredinu tortilje.
d) Povrće i dresing rasporedite po piletini, a tortilju zarolajte u valjak.
e) Poslužite odmah; posuda treba biti sobne temperature.

GOVEDINA I JANJEĆINA

18. Tacos od govedine

SASTOJCI:
- ½ funte nemasne mljevene govedine
- 8 tortilja od cjelovitog zrna pšenice
- 1 pakiranje začina za taco
- Narezana zelena salata i 2 velike rajčice
- ¾ šalice vode
- 2 šalice nasjeckanog cheddar sira

UPUTE:
a) U tavu srednje veličine dodajte malo vode, mljevenu govedinu i začin za taco, a zatim sve zakuhajte.
b) Zagrijte tacose s obje strane u skladu s uputama na pakiranju, a zatim prelijte mesom, povrćem i umakom.

19. Govedina, divlje gljive i Poblano Tacos

SASTOJCI:
- 1 žlica maslinovog ulja
- 12 kukuruznih tortilja
- 1 funta goveđeg odreska
- 12 žlica salsa umaka i ½ žličice korijandera
- ½ žličice soli i crnog papra
- 2 šalice sirovog luka i 1 šalica nasjeckanog češnjaka
- ¾ šalice meksičkog sira
- 1 poblano paprika
- 2 šalice šumskih gljiva

UPUTE:
a) Počnite peći goveđi odrezak u nauljenoj srednjoj tavi, zajedno sa soli i paprom. Nakon pečenja od 5 minuta s obje strane, odreske izvadite i ostavite sa strane.
b) Dodajte preostale sastojke u tavu i pirjajte ih 5 minuta.
c) Poslužite tople tortilje prelivene mješavinom gljiva, narezanim mesom odrezaka, salsa umakom i nasjeckanim meksičkim sirom.

20. Tacosi s malo masnoće govedine i graha

SASTOJCI:
- 1 funta mljevene govedine
- preprženi grah
- 8 taco ljuski i začin za taco
- 1 slatki luk
- salsa umak
- naribani cheddar sir
- 1 narezani avokado
- kiselo vrhnje

UPUTE:
a) U nauljenoj posudi počnite kuhati junetinu i dodajte mahune i začine.
b) Stavite tacose na tanjur i dodajte mješavinu mesa, salsa umak, kiselo vrhnje, narezani avokado i nasjeckani cheddar sir.

21.Govedi Cheddar Tacos

SASTOJCI:
- 1 ½ funte nemasne mljevene govedine
- 8 cijelih kukuruznih tortilja
- 1 pakiranje začina za taco
- 1 staklenka salsa umaka
- 2 šalice ribanog cheddar sira

UPUTE:
a) U nauljenoj tavi polako zažutite mljevenu junetinu, dodajte salsa umak i dobro promiješajte te ocijedite meso.
b) Zagrijte svaku tortilju i dodajte mesnu smjesu, začine, dodajte malo salsa umaka i cheddar sira.

22.Bbq goveđi tacos

SASTOJCI:
- 1 funta nemasne mljevene junetine (ili puretine)
- ½ šalice meksičkog nasjeckanog sira
- 1 narezan luk i crvena paprika
- 8 tortilja od cjelovitog zrna pšenice
- ½ šalice umaka za roštilj
- 1 rajčica narezana na kockice

UPUTE:
a) Počnite kuhati goveđe meso, luk i papriku u srednje nauljenoj tavi dok ne bude dobro pečeno, povremeno miješajući.
b) Dodajte umak i sve kuhajte 2 minute.
c) Svaku tortilju prelijte mješavinom mesa i prije posluživanja pospite sirom i rajčicama.

23. Tacos de Barbacoa

SASTOJCI:
- 4 kilograma goveđeg mesa
- ¼ šalice jabukovače octa
- 20 kukuruznih tortilja
- 3 žlice soka od limete
- ¾ šalice pileće juhe
- 3-5 chipotle chilesa iz konzerve
- 2 žlice biljnog ulja i 3 lista lovora
- 4 češnja češnjaka i kumin
- 3 žličice meksičkog origana
- 1 ½ žličica soli i mljevenog crnog papra
- ½ žličice mljevenog klinčića
- luk, cilantro i kriške limete (nasjeckane)

UPUTE:
a) Pomiješajte u srednjoj zdjeli sok limete , režnjeve češnjaka, jabukovaču i druge začine dok ne postanu glatki poput paste.
b) Uzmite meso i pecite ga u nauljenoj tavi 5 minuta, s obje strane. Smjesu iz zdjele dodajte preko mesa i nastavite dobro miješati.
c) Nakon još 10-ak minuta, dok se sastojci krčkaju, dodajte smjesu u zagrijanu pećnicu. Kuhajte oko 4-5 sati.
d) Poslužite kukuruzne tortilje sa smjesom za pečenje, lukom, cilantrom, kriškama limete i drugim začinima.

ENCHILADAS

24. Enchilade sa škampima i sirom

SASTOJCI:

- 12 kukuruznih tortilja
- 2 šalice naribanog Monterey Jack sira
- 1 funta srednjih škampa, oguljenih i očišćenih
- ¼ šalice nasjeckanog luka
- 2 češnja češnjaka, mljevena
- 2 žlice biljnog ulja
- 1 limenka (10 unci) zelenog umaka enchilada
- Posolite i popaprite po ukusu

UPUTE:

a) Zagrijte pećnicu na 375°F. U velikoj tavi zagrijte ulje na srednje jakoj vatri.
b) Dodajte luk i češnjak, te kuhajte dok luk ne omekša, oko 5 minuta. Dodajte škampe i kuhajte dok ne porumene, oko 3-4 minute.
c) Maknite s vatre.
d) Zagrijte tortilje u mikrovalnoj pećnici 30 sekundi. Svaku tortilju napunite šakom sira i žlicom smjese od kozica.
e) Čvrsto smotajte i stavite šavom prema dolje u namašćenu posudu za pečenje.
f) Prelijte zeleni umak od enchilade po vrhu enchilade. Pospite preostalim sirom.
g) Pokrijte folijom i pecite 20 minuta. Uklonite foliju i pecite dodatnih 10-15 minuta dok se sir ne otopi i postane mjehurić.

25. piletinom i sirom s Verdeom

SASTOJCI:
- 12 kukuruznih tortilja
- 2 šalice naribanog Monterey Jack sira
- 2 šalice kuhane i narezane piletine
- 1 limenka (10 unci) zelenog umaka enchilada
- ½ šalice kiselog vrhnja
- ¼ šalice nasjeckanog cilantra
- Posolite i popaprite po ukusu

UPUTE:
a) Zagrijte pećnicu na 375°F.
b) U srednjoj zdjeli pomiješajte narezanu piletinu, cilantro, kiselo vrhnje, sol i papar.
c) Zagrijte tortilje u mikrovalnoj pećnici 30 sekundi.
d) Svaku tortilju napunite šakom sira i žlicom smjese od piletine. Čvrsto smotajte i stavite šavovima prema dolje u namašćenu posudu za pečenje.
e) Prelijte zeleni umak od enchilade po vrhu enchilade.
f) Pospite preostalim sirom. Pokrijte folijom i pecite 20 minuta.
g) Uklonite foliju i pecite dodatnih 10-15 minuta dok se sir ne otopi i postane mjehurić.

26. Vegetarijanske enchilade od crnog graha i sira

SASTOJCI:
- 12 kukuruznih tortilja
- 2 šalice naribanog Monterey Jack sira
- 1 limenka (15 unci) crnog graha, ispranog i ocijeđenog
- ½ šalice smrznutog kukuruza, odmrznutog
- ¼ šalice nasjeckanog luka
- 1 limenka (10 unci) crvenog umaka enchilada
- Posolite i popaprite po ukusu

UPUTE:
a) Zagrijte pećnicu na 375°F.
b) U srednjoj posudi pomiješajte crni grah, kukuruz, luk, sol i papar.
c) Zagrijte tortilje u mikrovalnoj pećnici 30 sekundi. Svaku tortilju napunite šakom sira i žlicom smjese od crnog graha.
d) Čvrsto smotajte i stavite šavovima prema dolje u namašćenu posudu za pečenje.
e) Vrh enchilade prelijte crvenim umakom od enchilade.
f) Pospite preostalim sirom. Pokrijte folijom i pecite 20 minuta.
g) Uklonite foliju i pecite dodatnih 10-15 minuta dok se sir ne otopi i postane mjehurić.

27.Osnovne goveđe enchilade

SASTOJCI:
- 1 funta mljevene govedine
- 12 kukuruznih tortilja
- 1 limenka enchilada umaka
- 1 glavica luka narezana na kockice
- 2 češnja češnjaka
- 1 čajna žličica kumina
- Posolite i popaprite po ukusu

UPUTE:
a) Zagrijte pećnicu na 375°F. U tavi kuhajte govedinu s lukom, češnjakom, kuminom, solju i paprom dok ne porumeni.
b) U loncu zagrijte enchilada umak na srednje jakoj vatri.
c) Umočite tortilje u umak i stavite ih u posudu za pečenje 9x13 inča.
d) Svaku tortilju napunite goveđom smjesom i zarolajte.
e) Preostalim umakom prelijte enchilade i pecite 25-30 minuta.

28. Enchilade s govedinom i grahom

SASTOJCI:
- 1 funta mljevene govedine
- 1 konzerva crnog graha, ocijeđena i isprana
- 1 glavica luka narezana na kockice
- 2 češnja češnjaka
- 1 limenka crvenog enchilada umaka
- 12 kukuruznih tortilja
- Posolite i popaprite po ukusu

UPUTE:
a) Zagrijte pećnicu na 375°F.
b) U tavi kuhajte govedinu s lukom, češnjakom, soli i paprom dok ne porumeni.
c) Dodajte crni grah i dobro promiješajte. U loncu zagrijte enchilada umak na srednje jakoj vatri.
d) Umočite tortilje u umak i stavite ih u posudu za pečenje 9x13 inča.
e) Svaku tortilju napunite smjesom govedine i graha i zarolajte.
f) Preostalim umakom prelijte enchilade i pecite 25-30 minuta.

29. Začinjene goveđe enchilade

SASTOJCI:

- 12 tortilja od brašna
- 2 šalice naribanog sira s paprikom
- 1 funta mljevene govedine
- 1 limenka (10 unci) enchilada umaka
- 1 limenka (4 unce) zelenih čilija narezanih na kockice, ocijeđenih
- 1 žlica čilija u prahu
- ½ žličice kumina
- Posolite i popaprite po ukusu

UPUTE:

a) Zagrijte pećnicu na 375°F.
b) U velikoj tavi kuhajte mljevenu govedinu na srednje jakoj vatri dok govedina ne porumeni i skuha se . Ocijedite višak masnoće.
c) Dodajte čili u prahu, kumin, sol i papar po ukusu. Umiješajte zeleni čili narezan na kockice. Zagrijte tortilje u mikrovalnoj pećnici 30 sekundi.
d) Svaku tortilju napunite šakom sira i žlicom goveđe smjese.
e) Čvrsto smotajte i stavite šavovima prema dolje u namašćenu posudu za pečenje. Prelijte enchilada umak preko vrha enchilade.
f) Pospite preostalim sirom. Pokrijte folijom i pecite 20 minuta.
g) Uklonite foliju i pecite dodatnih 10-15 minuta dok se sir ne otopi i postane mjehurić.

30. Enchilade od miješanog graha

SASTOJCI:

- 10 kukuruznih tortilja
- 1 limenka (15 unci) crnog graha, ocijeđenog i ispranog
- 1 konzerva (15 unci) graha, ocijeđenog i ispranog
- 1 konzerva (15 unci) pinto graha, ocijeđena i isprana
- 1 limenka (4 unce) zelenih čilija narezanih na kockice
- ½ šalice nasjeckanog luka
- ½ šalice nasjeckane zelene paprike
- 2 češnja češnjaka, mljevena
- 1 žličica mljevenog kima
- 1 žličica čilija u prahu
- 2 šalice enchilada umaka
- 1 šalica nasjeckanog cheddar sira
- ¼ šalice nasjeckanog svježeg cilantra

UPUTE:

a) Zagrijte pećnicu na 375°F.
b) U velikoj zdjeli pomiješajte crni grah, grah, pinto grah, zeleni čili, luk, papriku, češnjak, kumin i čili u prahu.
c) Zagrijte tortilje u mikrovalnoj pećnici ili na ringli dok ne postanu mekane i podatne.
d) Žlicom stavite malo smjese graha na svaku tortilju i čvrsto zarolajte.
e) Smotane tortilje stavite šavovima prema dolje u posudu za pečenje 9x13 inča.
f) Prelijte enchilada umak preko vrha enchilade.
g) Pospite naribani sir po vrhu enchilade.
h) Pecite 20-25 minuta, ili dok enchilade ne porumene i sir se otopi.
i) Pospite nasjeckani cilantro po vrhu enchilade prije posluživanja.

31.Lazanje od crnog graha Enchilada

SASTOJCI:
- 12 kukuruznih tortilja
- 2 šalice enchilada umaka
- 1 šalica kuhanog crnog graha
- 1 šalica kukuruznih zrna
- 1 šalica paprike narezane na kockice
- 1 šalica luka narezanog na kockice
- 3 češnja češnjaka, nasjeckana
- 1 žlica maslinovog ulja
- 1 žličica mljevenog kima
- 1 žličica čilija u prahu
- Posolite i popaprite po ukusu
- 1 šalica veganskog naribanog sira (cheddar ili meksička mješavina)
- Svježi cilantro, nasjeckan (za ukras)

UPUTE:
a) Zagrijte pećnicu na 375°F (190°C).
b) U velikoj tavi zagrijte maslinovo ulje na srednje jakoj vatri. Dodajte luk i češnjak, te pirjajte dok ne omekšaju.
c) Dodajte papriku narezanu na kockice, zrna kukuruza, kuhani crni grah, mljeveni kumin, čili u prahu, sol i papar. Kuhajte nekoliko minuta dok povrće ne omekša i dobro se prekrije začinima.
d) Na dno posude za pečenje namažite tanki sloj enchilada umaka.
e) Na vrh umaka rasporedite sloj kukuruznih tortilja tako da prekrijete cijelo dno posude.
f) Preko tortilja rasporedite polovicu mješavine povrća i graha.
g) Povrće prelijte malo enchilada umaka i pospite veganskim naribanim sirom.
h) Ponovite slojeve s drugim slojem tortilja, preostalom mješavinom povrća i graha, enchilada umakom i veganskim naribanim sirom.
i) Završite završnim slojem tortilja, prelivenih enchilada umakom i veganskim naribanim sirom.
j) Prekrijte posudu za pečenje folijom i pecite 20 minuta.
k) Uklonite foliju i pecite dodatnih 10 minuta dok se sir ne otopi i postane mjehurić.
l) Prije posluživanja ukrasite svježim cilantrom.

32.Pileće enchilade sa sirom

SASTOJCI:
- 2 lbs. pileća prsa bez kostiju i kože
- 2 šalice nasjeckanog cheddar sira
- 1 limenka (4 unce) zelenog čilija narezanog na kockice
- ½ šalice salse
- 10-12 tortilja od brašna
- Sol i papar, po ukusu

UPUTE:
a) Zagrijte pećnicu na 375°F.
b) Začinite piletinu solju i paprom, a zatim kuhajte u velikoj tavi na srednje jakoj vatri dok ne porumeni i skuha se.
c) Narežite piletinu i ostavite sa strane.
d) U velikoj zdjeli pomiješajte naribani sir, zeleni čili narezan na kockice i salsu.
e) U posebnoj zdjeli pomiješajte nasjeckanu piletinu.
f) Zagrijte tortilje u mikrovalnoj pećnici ili na ringli dok ne postanu mekane i podatne.
g) Stavite veliku žlicu pileće smjese na svaku tortilju i čvrsto zarolajte.
h) Smotane tortilje stavite šavovima prema dolje u posudu za pečenje 9x13 inča.
i) Prelijte smjesu sira preko vrha enchilada.
j) Pecite u prethodno zagrijanoj pećnici 20-25 minuta, ili dok se sir ne otopi i postane mjehurić.

33.Kremaste pileće enchilade sa Poblano umak

SASTOJCI:
- 2 lbs. pileća prsa bez kostiju i kože
- ½ šalice gustog vrhnja
- ¼ šalice kiselog vrhnja
- 1 limenka (4 unce) zelenog čilija narezanog na kockice
- 2 šalice naribanog sira Monterey Jack
- 10-12 kukuruznih tortilja
- Sol i papar, po ukusu
- Poblano umak:
- 2 velike poblano paprike
- ½ luka, nasjeckanog
- 2 češnja češnjaka, mljevena
- ½ šalice pileće juhe
- ½ šalice gustog vrhnja
- Sol i papar, po ukusu

UPUTE:
a) Zagrijte pećnicu na 375°F.
b) Začinite piletinu solju i paprom, a zatim kuhajte u velikoj tavi na srednje jakoj vatri dok ne porumeni i skuha se.
c) Narežite piletinu i ostavite sa strane.
d) U velikoj zdjeli pomiješajte čvrsto vrhnje, kiselo vrhnje, zeleni čili narezan na kockice i 1 šalicu nasjeckanog Monterey jack sira.
e) U posebnoj zdjeli pomiješajte nasjeckanu piletinu.
f) Zagrijte tortilje u mikrovalnoj pećnici ili na ringli dok ne postanu mekane i podatne.
g) Stavite veliku žlicu pileće smjese na svaku tortilju i čvrsto zarolajte.
h) Smotane tortilje stavite šavovima prema dolje u posudu za pečenje 9x13 inča.
i) Prelijte smjesu kremastog umaka po vrhu enchilade i pospite preostalim naribanim sirom.
j) Pecite u prethodno zagrijanoj pećnici 20-25 minuta, ili dok se sir ne otopi i postane mjehurić.
k) Za Poblano umak:
l) Pecite poblano paprike na otvorenoj vatri ili ispod pečenja dok kožica ne zaprži i ne postane mjehurića.

m) Maknite s vatre i stavite u plastičnu vrećicu na 10-15 minuta da se pari.
n) Paprikama uklonite kožu, peteljku i sjemenke, a meso nasjeckajte.
o) U velikom loncu pirjajte luk i češnjak dok ne omekšaju.
p) Dodajte nasjeckani poblanos , pileću juhu i vrhnje u lonac i pirjajte 10-15 minuta.
q) Začinite solju i paprom po ukusu.
r) Prelijte umak preko enchilada prije posluživanja.

34. Pileće enchilade s verde umakom

SASTOJCI:
- 2 lbs. pileća prsa bez kostiju i kože
- 2 šalice naribanog sira Monterey Jack
- 1 limenka (4 unce) zelenog čilija narezanog na kockice
- 1 staklenka (16 unci) salsa verde
- 10-12 kukuruznih tortilja
- Sol i papar, po ukusu

UPUTE:
a) Zagrijte pećnicu na 375°F.
b) Začinite piletinu solju i paprom, a zatim kuhajte u velikoj tavi na srednje jakoj vatri dok ne porumeni i skuha se.
c) Narežite piletinu i ostavite sa strane.
d) U velikoj zdjeli pomiješajte naribani sir, zeleni čili narezan na kockice i ½ šalice salse verde .
e) U posebnoj zdjeli pomiješajte nasjeckanu piletinu.
f) Zagrijte tortilje u mikrovalnoj pećnici ili na ringli dok ne postanu mekane i podatne.
g) Stavite veliku žlicu pileće smjese na svaku tortilju i čvrsto zarolajte.
h) Smotane tortilje stavite šavovima prema dolje u posudu za pečenje 9x13 inča.
i) Prelijte preostalu salsu verde preko vrha enchilada.
j) Pecite u prethodno zagrijanoj pećnici 20-25 minuta, ili dok se sir ne otopi i postane mjehurić.

35.Kremaste pileće enchilade s tomatillo umakom

SASTOJCI:
- 2 lbs. pileća prsa bez kostiju i kože
- ½ šalice gustog vrhnja
- ¼ šalice kiselog vrhnja
- 1 limenka (4 unce) zelenog čilija narezanog na kockice
- 2 šalice naribanog sira Monterey Jack
- 10-12 kukuruznih tortilja
- Sol i papar, po ukusu
- Tomatillo umak:
- 8 rajčica, oljuštenih i ispranih
- ½ luka, nasjeckanog
- 2 češnja češnjaka, mljevena
- ½ šalice pileće juhe
- ½ šalice gustog vrhnja
- Sol i papar, po ukusu

UPUTE:
a) Zagrijte pećnicu na 375°F.
b) Začinite piletinu solju i paprom, a zatim kuhajte u velikoj tavi na srednje jakoj vatri dok ne porumeni i skuha se.
c) Narežite piletinu i ostavite sa strane.
d) U velikoj zdjeli pomiješajte čvrsto vrhnje, kiselo vrhnje, zeleni čili narezan na kockice i 1 šalicu nasjeckanog Monterey jack sira.
e) U posebnoj zdjeli pomiješajte nasjeckanu piletinu.
f) Zagrijte tortilje u mikrovalnoj pećnici ili na ringli dok ne postanu mekane i podatne.
g) Stavite veliku žlicu pileće smjese na svaku tortilju i čvrsto zarolajte.
h) Smotane tortilje stavite šavovima prema dolje u posudu za pečenje 9x13 inča.
i) Prelijte smjesu kremastog umaka po vrhu enchilade i pospite preostalim naribanim sirom.
j) Pecite u prethodno zagrijanoj pećnici 20-25 minuta, ili dok se sir ne otopi i postane mjehurić.
k) Za Tomatillo umak:
l) Prethodno zagrijte brojlere.

m) Stavite tomatillos na lim za pečenje i pecite ih 5-7 minuta, ili dok kožica ne pougljeni i ne postane mjehurića.
n) Maknite s vatre i ostavite da se ohladi.
o) U blenderu ili procesoru hrane pasirajte rajčice, luk, češnjak, pileću juhu i vrhnje dok ne postane glatko.
p) Začinite solju i paprom po ukusu.
q) Prelijte umak preko enchilada prije posluživanja.

36.Enchilada Nachos s piletinom

SASTOJCI:

- 2 šalice kuhane narezane piletine
- 1 limenka (10 unci) crvenog enchilada umaka
- 1 vrećica tortilja čipsa
- 1 šalica nasjeckanog cheddar sira
- ¼ šalice crvenog luka nasjeckanog na kockice
- ¼ šalice nasjeckanog svježeg cilantra
- Kiselo vrhnje za posluživanje

UPUTE:

a) Zagrijte pećnicu na 375°F.
b) U zdjeli pomiješajte kuhanu narezanu piletinu s crvenim enchilada umakom.
c) Na lim za pečenje rasporedite tortilja čips u jednom sloju.
d) Pospite naribani cheddar sir preko čipsa, a zatim prelijte mješavinom piletine i enchilada umaka.
e) Pecite 10-15 minuta, ili dok se sir ne otopi i postane mjehurić.
f) Na vrh stavite crveni luk narezan na kockice i nasjeckani svježi cilantro. Poslužite s kiselim vrhnjem.

37.Enchilade od crnog graha i kukuruza

SASTOJCI:
- 1 glavica luka nasjeckana
- 2 režnja češnjaka, mljevena
- 1 konzerva (15 unci) crnog graha, ocijeđenog i ispranog
- 1 konzerva (15 unci) kukuruza, ocijeđenog
- 1 žličica mljevenog kima
- Sol i papar, po ukusu
- 8-10 kukuruznih tortilja
- 1 ½ šalice nasjeckanog cheddar sira
- 1 limenka (15 unci) enchilada umaka

UPUTE:
a) Zagrijte pećnicu na 350°F.
b) U velikoj tavi pirjajte nasjeckani luk i češnjak dok ne zamirišu, oko 2-3 minute.
c) Dodajte crni grah, kukuruz, kumin, sol i papar u tavu i miješajte dok se dobro ne sjedini.
d) Zagrijte kukuruzne tortilje u mikrovalnoj pećnici ili na ringli dok ne postanu mekane i podatne.
e) Ulijte malu količinu enchilada umaka na dno posude za pečenje 9x13 inča.
f) Stavite veliku žlicu mješavine crnog graha i kukuruza na svaku tortilju i čvrsto zarolajte.
g) Smotane tortilje stavite šavovima prema dolje u posudu za pečenje.
h) Prelijte preostali enchilada umak preko vrha enchilada.
i) Po vrhu enchilada pospite nasjeckani sir cheddar.
j) Pecite u prethodno zagrijanoj pećnici 20-25 minuta, ili dok se sir ne otopi i postane mjehurić.
k) Ukrasite svježim cilantrom i poslužite vruće.

RIBA I PLODOVI MORA

38. Enchilade sa škampima

SASTOJCI:
- 1 funta kuhanih i nasjeckanih škampa
- 12 kukuruznih tortilja
- 1 limenka crvenog enchilada umaka
- 1 glavica luka narezana na kockice
- 2 češnja češnjaka
- 1 žličica kumina
- Posolite i popaprite po ukusu

UPUTE:
a) Zagrijte pećnicu na 375°F.
b) U loncu zagrijte enchilada umak, luk, češnjak, kumin, sol i papar na srednjoj vatri.
c) Umočite tortilje u umak i stavite ih u posudu za pečenje 9x13 inča.
d) Svaku tortilju napunite škampima i zarolajte.
e) Preostalim umakom prelijte enchilade i pecite 25-30 minuta.

39. Enchilade od rakova

SASTOJCI:
- 1 funta mesa rakova, pobranih za školjke
- 2 šalice naribanog sira Monterey Jack
- 1 limenka (4 unce) zelenog čilija narezanog na kockice
- 1 staklenka (16 unci) salse
- 10-12 kukuruznih tortilja
- Sol i papar, po ukusu

UPUTE:
a) Zagrijte pećnicu na 375°F.
b) U velikoj zdjeli pomiješajte meso rakova, nasjeckani sir, zeleni čili narezan na kockice i ½ šalice salse.
c) Zagrijte tortilje u mikrovalnoj pećnici ili na ringli dok ne postanu mekane i podatne.
d) Stavite veliku žlicu smjese od rakova na svaku tortilju i čvrsto smotajte.
e) Smotane tortilje stavite šavovima prema dolje u posudu za pečenje 9x13 inča.
f) Prelijte preostalu salsu po vrhu enchilade.
g) Pecite u prethodno zagrijanoj pećnici 20-25 minuta, ili dok se sir ne otopi i postane mjehurić.

40. Enchilade s plodovima mora

SASTOJCI:
- 1 funta kuhanih škampa, oguljenih i očišćenih
- 1 funta kuhanog mesa rakova, nasjeckanog
- 1 limenka (4 unce) zelenog čilija narezanog na kockice
- ½ šalice nasjeckanog luka
- 2 češnja češnjaka, mljevena
- 1 žličica mljevenog kima
- 1 žličica čilija u prahu
- 1 žličica sušenog origana
- 1 limenka (10 unci) enchilada umaka
- 10-12 kukuruznih tortilja
- 1 šalica naribanog sira Monterey Jack
- ¼ šalice nasjeckanog svježeg cilantra
- Sol i papar, po ukusu
- Dodaci po izboru: avokado narezan na kockice, narezani jalapenos, kiselo vrhnje, kriške limete

UPUTE:
a) Zagrijte pećnicu na 375°F.
b) U velikoj zdjeli pomiješajte kuhane škampe, kuhano meso rakova, zeleni čili narezan na kockice, nasjeckani luk, mljeveni češnjak, kumin, čili u prahu i origano. Začinite solju i paprom po ukusu.
c) Zagrijte tortilje u mikrovalnoj pećnici ili na ringli dok ne postanu mekane i podatne.
d) Rasporedite malu količinu enchilada umaka na dno posude za pečenje 9x13 inča.
e) Stavite veliku žlicu mješavine plodova mora na svaku tortilju i čvrsto zarolajte.
f) Smotane tortilje stavite šavovima prema dolje u posudu za pečenje.
g) Prelijte preostali enchilada umak preko vrha enchilada.
h) Pospite naribani sir po vrhu enchilade.
i) Pecite u prethodno zagrijanoj pećnici 20-25 minuta, ili dok se sir ne otopi i postane mjehurić.
j) Po vrhu enchilada pospite nasjeckani cilantro.
k) Poslužite vruće s nadjevima po želji.

41.Enchilade od lososa

SASTOJCI:
- 1 funta kuhanog lososa, u lističima
- 1 limenka (4 unce) zelenog čilija narezanog na kockice
- ½ šalice nasjeckanog crvenog luka
- 2 češnja češnjaka, mljevena
- 1 žličica mljevenog kima
- 1 žličica čilija u prahu
- Sol i papar, po ukusu
- 10-12 kukuruznih tortilja
- 1 limenka (10 unci) enchilada umaka
- 1 šalica naribanog sira Monterey Jack
- Svježi cilantro, nasjeckan

UPUTE:
a) Zagrijte pećnicu na 375°F.
b) U velikoj zdjeli pomiješajte losos u lističima, zeleni čili narezan na kockice, nasjeckani crveni luk, mljeveni češnjak, kumin, čili u prahu te sol i papar po ukusu.
c) Zagrijte tortilje u mikrovalnoj pećnici ili na ringli dok ne postanu mekane i podatne.
d) Rasporedite malu količinu enchilada umaka na dno posude za pečenje 9x13 inča.
e) Stavite veliku žlicu mješavine lososa na svaku tortilju i čvrsto smotajte.
f) Smotane tortilje stavite šavovima prema dolje u posudu za pečenje.
g) Prelijte preostali enchilada umak preko vrha enchilada.
h) Pospite naribani sir po vrhu enchilade.
i) Pecite u prethodno zagrijanoj pećnici 20-25 minuta, ili dok se sir ne otopi i postane mjehurić.
j) Ukrasite svježim cilantrom i poslužite vruće.

42. Goveđe enchilade s domaćim umakom

SASTOJCI:
- 12 kukuruznih tortilja
- 2 šalice nasjeckanog cheddar sira
- 1 funta mljevene govedine
- ½ šalice nasjeckanog luka
- 2 češnja češnjaka, mljevena
- 1 konzerva (14,5 unci) rajčice narezane na kockice
- 1 žlica čilija u prahu
- 1 žličica kumina
- 1 žličica paprike
- ½ žličice origana
- Posolite i popaprite po ukusu

UPUTE:
a) Zagrijte pećnicu na 375°F. U velikoj tavi kuhajte mljevenu govedinu i luk na srednje jakoj vatri dok govedina ne porumeni i skuha se. Ocijedite višak masnoće. Dodajte češnjak i kuhajte 1 minutu.
b) Dodajte rajčice narezane na kockice, čili u prahu, kumin, papriku, origano, sol i papar po ukusu.
c) Zakuhati i kuhati 10-15 minuta uz povremeno miješanje. Zagrijte tortilje u mikrovalnoj pećnici 30 sekundi.
d) Svaku tortilju napunite šakom sira i žlicom goveđe smjese.
e) Čvrsto smotajte i stavite šavovima prema dolje u namašćenu posudu za pečenje.
f) Vrh enchilade prelijte domaćim umakom od enchilade. Pospite preostalim sirom.
g) Pokrijte folijom i pecite 20 minuta. Uklonite foliju i pecite dodatnih 10-15 minuta dok se sir ne otopi i postane mjehurić.

43. Goveđe enchilade sa zelenim umakom

SASTOJCI:
- 12 tortilja od brašna
- 2 šalice naribanog Monterey Jack sira
- 1 funta mljevene govedine
- 1 limenka (10 unci) zelenog umaka enchilada
- 1 limenka (4 unce) zelenih čilija narezanih na kockice, ocijeđenih
- ½ žličice kumina
- Posolite i popaprite po ukusu

UPUTE:
a) Zagrijte pećnicu na 375°F.
b) U velikoj tavi kuhajte mljevenu govedinu na srednjoj vatri dok govedina ne porumeni i skuha se . Ocijedite višak masnoće.
c) Dodajte zeleni čili narezan na kockice, kumin, sol i papar po ukusu. Zagrijte tortilje u mikrovalnoj pećnici 30 sekundi.
d) Svaku tortilju napunite šakom sira i žlicom goveđe smjese.
e) Čvrsto smotajte i stavite šavovima prema dolje u namašćenu posudu za pečenje.
f) Prelijte zeleni umak od enchilade po vrhu enchilade. Pospite preostalim sirom. Pokrijte folijom i pecite 20 minuta.
g) Uklonite foliju i pecite dodatnih 10-15 minuta dok se sir ne otopi i postane mjehurić.

44. Goveđe enchilade u sporom kuhanju

SASTOJCI:
- 12 tortilja od brašna
- 2 šalice nasjeckanog cheddar sira
- 2 funte goveđeg pečenja
- 1 limenka (10 unci) enchilada umaka
- 1 limenka (4 unce) zelenih čilija narezanih na kockice, ocijeđenih
- 1 žlica čilija u prahu
- ½ žličice kumina
- Posolite i popaprite po ukusu

UPUTE:
a) Stavite goveđe pečenje u sporo kuhalo.
b) Dodajte enchilada umak, zeleni čili narezan na kockice, čili u prahu, kumin, sol i papar po ukusu.
c) Poklopite i kuhajte na laganoj vatri 8-10 sati ili dok govedina ne omekša i lako se raspadne. Govedinu isjeckajte vilicom.
d) Zagrijte pećnicu na 375°F. Zagrijte tortilje u mikrovalnoj pećnici 30 sekundi.
e) Svaku tortilju napunite šakom sira i žlicom nasjeckane govedine. Čvrsto smotajte i stavite šavovima prema dolje u namašćenu posudu za pečenje.
f) Preostalim umakom iz sporog kuhala prelijte vrh enchilade. Pospite preostalim sirom. Pokrijte folijom i pecite 20 minuta.
g) Uklonite foliju i pecite dodatnih 10-15 minuta dok se sir ne otopi i postane mjehurić.

GVAKAMOLE

45.Guacamole s češnjakom

SASTOJCI:
- 2 avokada, bez koštice
- 1 rajčica, očišćena od sjemenki i sitno nasjeckana
- ½ žlice svježeg soka od limete
- ½ male glavice žutog luka, sitno nasjeckane
- 2 režnja češnjaka, protisnuta
- ¼ žličice morske soli
- Malo papra
- Mljeveni svježi list cilantra

UPUTE:
a) Gnječilicom za krumpir zgnječite avokado u maloj posudi.
b) Poslužite odmah nakon miješanja dodatnih sastojaka u pasirani avokado.

46. Guacamole s kozjim sirom

SASTOJCI:
- 2 avokado
- 3 unce od Jarac sir
- poletnost iz 2 limete
- limun sok iz 2 limete
- ¾ čajna žličica češnjak puder
- ¾ čajna žličica luk puder
- ½ čajna žličica sol
- ¼ čajna žličica Crvena papar pahuljice (neobavezno)
- ¼ čajna žličica papar

UPUTE:
a) Dodati avokado do a hrana procesor i mješavina do glatko, nesmetano.
b) Dodati ostatak od Sastojci i mješavina do inkorporiran.
c) Poslužiti s čips.

47.Humus Guacamole

SASTOJCI:
- 1 svaki zrelo avokado, oguljena
- 2 šalice Humus dvo tahini
- 1 svaki Mladi luk, nasjeckana
- 1 mali Rajčica, nasjeckana
- 1 jušna žlica zelena čili, nasjeckana
- Maslina ulje
- Korijander, nasjeckana
- Pita

UPUTE:
a) kašičica avokado u a srednji zdjela. Kaša i dodati humus, mješavina temeljito. Nježno promiješati u the mladi luk, rajčica i čili čili.
b) Ček začini. Pokriti i ohladite u hladnjaku.
c) Prije servirati, rominjati s maslina ulje i ukrasiti s korijander.
d) Poslužiti s pita klinovi.

48. Kimchi Guacamole

SASTOJCI:
- 3 zrela avokada, zgnječena
- 1 šalica kimchija, nasjeckanog
- ¼ šalice crvenog luka, sitno narezanog na kockice
- 1 limeta, ocijeđena
- Posolite i popaprite po ukusu
- Tortilja čips za posluživanje

UPUTE:
a) U posudi zgnječite avokado.
b) Dodajte nasjeckani kimchi, crveni luk, sok limete , sol i papar. Dobro promiješajte.
c) Poslužite kimchi guacamole s tortilja čipsom.

49. Spirulina Guacamole Dip

SASTOJCI:
- 2 avokada, bez koštice
- Sok od 1 limuna
- Sok od 1 limete
- 1 režanj češnjaka, grubo nasjeckan
- 1 srednji žuti luk, grubo nasjeckan
- 1 jalapeno, narezan
- 1 šalica listova cilantra
- 3 žlice spiruline
- 1 sjemenke i nasjeckana rajčica ili ½ šalice grožđanih rajčica, prepolovljenih
- Posolite i popaprite po ukusu

UPUTE:
a) Sve sastojke, osim rajčice, stavite u blender i miksajte dok se ne sjedine.
b) Umiješajte rajčice i začinite po želji.

50. Guacamole s kokos limetom

SASTOJCI:
- 2 zrela avokada
- Sok od 1 limete
- Korica 1 limete
- 2 žlice nasjeckanog svježeg cilantra
- 2 žlice crvenog luka nasjeckanog na kockice
- 2 žlice naribanog kokosa
- Posolite i popaprite po ukusu

UPUTE:
a) U zdjeli vilicom zgnječite zreli avokado dok ne postane kremast.
b) Dodajte sok limete , koricu limete, nasjeckani cilantro, crveni luk narezan na kockice, nasjeckani kokos, sol i papar.
c) Dobro izmiješajte da se svi sastojci sjedine.
d) Kušajte i začinite po želji.
e) Guacamole s kokos i limetom poslužite s tortilja čipsom ili ga koristite kao ukusan preljev za tacose, sendviče ili salate.
f) Uživajte u kremastim i pikantnim okusima ovog tropskog okusa guacamolea!

51. Nori Guacamole

SASTOJCI:
- 1 avokado, oguljen, bez koštice i zgnječen
- 1 mladi luk, tanko narezan
- 1 žlica svježeg soka od limete
- 1 žlica nasjeckanog cilantra
- Košer sol i svježe mljeveni papar
- 2 žlice grickalica izmrvljene pečene alge
- Kolači ili krekeri od smeđe riže, za posluživanje

UPUTE:
a) Pomiješajte avokado, mladi luk, sok limete i cilantro u zdjeli.
b) Posolite i popaprite. Pospite pečenim algama i poslužite uz kolačiće od riže.

52. Guacamole od marakuje

SASTOJCI:
- 2 zrela avokada, oguljena i zgnječena
- ¼ šalice crvenog luka nasjeckanog na kockice
- ¼ šalice nasjeckanog svježeg cilantra
- 1 jalapeño papričica, očišćena od sjemenki i narezana na kockice
- 2 žlice soka od limete
- ¼ šalice pulpe marakuje
- Posolite i popaprite po ukusu

UPUTE:
a) U zdjeli pomiješajte pasirani avokado, crveni luk, cilantro, jalapeño papar, sok limete i pulpu marakuje.
b) Posolite i popaprite.
c) Ohladite u hladnjaku najmanje 30 minuta prije posluživanja.
d) Poslužite s tortilja čipsom ili kao preljev za tacose.

53. Moringa Guacamole

SASTOJCI:
- 2-4 žličice moringe u prahu
- 3 zrela avokada
- 1 mali crveni luk, sitno nasjeckan
- Šaka cherry rajčica opranih i sitno nasjeckanih
- 3 lisnate grane korijandera, oprane i sitno nasjeckane
- Ekstra djevičansko maslinovo ulje, za pokapanje
- Sok od 1 limete
- Začini: sol, papar, sušeni origano, paprika i mljevene sjemenke korijandera

UPUTE:
a) Avokado prepolovite, otkoštite i grubo nasjeckajte. Šaku grubo nasjeckanog avokada ostavite sa strane.
b) Ostatak sastojaka ulijte u veliku zdjelu i vilicom izgnječite guacamole i dobro promiješajte.
c) Dodajte ostatak avokada i po vrhu pospite malo korijandera.

54. Mojito Guacamole

SASTOJCI:
- 3 zrela avokada, zgnječena
- ¼ šalice crvenog luka, sitno narezanog na kockice
- ¼ šalice svježeg cilantra, nasjeckanog
- 1 jalapeño, očišćen od sjemenki i sitno nasjeckan
- 2 žlice svježeg soka od limete
- 1 žličica šećera
- Posolite i popaprite po ukusu
- Tortilja čips za posluživanje

UPUTE:
a) U zdjeli pomiješajte zgnječeni avokado, crveni luk, cilantro, jalapeño i sok od limete.
b) Umiješajte šećer, sol i papar po ukusu.
c) Poslužite s tortilja čipsom i uživajte u Mojito Guacamoleu!

55.Mimosa Guacamole

SASTOJCI:
- 2 zrela avokada, zgnječena
- ¼ šalice crvenog luka nasjeckanog na kockice
- ¼ šalice rajčice narezane na kockice
- ¼ šalice nasjeckanog cilantra
- 1 jalapeno, bez sjemenki i sitno nasjeckan
- 2 žlice svježeg soka od limete
- 2 žlice šampanjca
- Posolite i popaprite po ukusu

UPUTE:
a) U srednjoj zdjeli pomiješajte pasirani avokado, crveni luk, rajčice, cilantro i jalapeno.
b) Umiješajte svježi sok od limete i šampanjac.
c) Začinite solju i paprom po ukusu.
d) Poslužite s tortilja čipsom ili vegetarijanskim štapićima za umakanje.

56.Guacamole od suncokreta

SASTOJCI:
- 2 avokada
- Sok od ½ limete
- ¼ žličice soli
- ⅔ šalice nasjeckanih izdanaka suncokreta
- ¼ šalice sitno nasjeckanog crvenog luka
- ½ jalapena, sitno nasjeckanog

UPUTE:
a) Pomiješajte sve sastojke u zdjeli i izgnječite u krupnu smjesu.

57. Guacamole od zmajevog voća

SASTOJCI:
- 1 zmajevo voće
- 2 zrela avokada
- ¼ šalice crvenog luka nasjeckanog na kockice
- ¼ šalice nasjeckanog cilantra
- 1 jalapeno papričica, očišćena od sjemenki i mljevena
- 2 žlice soka od limete
- Posolite i popaprite po ukusu
- Tortilja čips, za posluživanje

UPUTE:
a) Dragon fruit prerežite na pola i izdubite meso.
b) U srednjoj zdjeli zgnječite avokado vilicom ili gnječilicom za krumpir.
c) Umiješajte zmajevo voće, crveni luk, cilantro, jalapeno papar, sok limete , sol i papar.
d) Dobro promiješajte i ostavite guacamole barem 10 minuta da se okusi stope.
e) Poslužite ohlađeno uz tortilja čips.

TAMALES

58.Cinco De Mayo Margarita Tamales

SASTOJCI:
- 2 šalice masa harina
- 1 šalica mješavine margarite (bezalkoholne)
- 1/2 šalice šećera
- Korica i sok od 2 limete
- 1/4 šalice nasjeckane svježe metvice
- Kukuruzna ljuska za zamatanje

UPUTE:
a) Pomiješajte masu harinu sa mješavinom margarite i šećerom da dobijete tijesto.
b) Umiješajte koricu limete, sok limete i nasjeckanu metvicu.
c) Smjesu namažite na kukuruzne ljuske i savijte u tamale.
d) Kuhati na pari 1 sat.

59. Novi meksički svinjski tamales

SASTOJCI:
ZA NADJEV:
- 1½ funte Svinjski lungić ili neki drugi mekani, nemasni komad, bez masnoće
- 1 srednji bijeli luk, nasjeckan
- 2 šalice vode
- 2 žlice Canola ulja
- 2 režnja češnjaka, mljevenog
- 1 žlica brašna
- ½ šalice sušenog mljevenog čilija (Chimayo ako postoji)
- ¾ žličice soli
- ¼ žličice kumina
- ⅛ žličice origana
- 16 oz. pakiranje sušene kukuruzne ljuske

ZA MASU:
- 6 šalica Masa Harina
- 2 šalice ulja
- 2 žlice soli
- 4½ šalice vode ili više po potrebi

UPUTE:
ZA NADJEV:
a) Zagrijte pećnicu na 350 stupnjeva.
b) U srednju posudu za pečenje stavite svinjetinu i nasjeckani luk i prelijte vodom.
c) Pecite otprilike 1-½ sat ili dok se meso lako ne odvoji.
d) Izvadite svinjetinu iz juhe. Ohladite juhu u hladnjaku.
e) Kad se ohladi, isjeckajte meso s dvije vilice ili oštricom za kuhanje hrane.
f) Procijedite juhu nakon što se mast stvrdne na površini. Ako juha ne mjeri 2 šalice, dodajte vode da dobijete 2 šalice tekućine.
g) U velikoj tavi zagrijte ulje, dodajte mljeveni češnjak i svinjetinu.
h) Po smjesi pospite brašno i neprestano miješajte oko minutu dok brašno ne počne smeđiti.
i) Dodajte mljeveni čili , juhu i začine. Kuhajte na srednje niskoj vatri dok se ne zgusne i gotovo osuši, redovito miješajući, oko 30 minuta.

j) Maknite s vatre.

ZA MASU:
k) Izmjerite Masa Harinu u veliku zdjelu.
l) Uz miješanje dodajte vodu.
m) Dodajte ulje i sol i dobro promiješajte. Koristite žlicu, snažan mikser ili ruke.
n) Kada se dobro izmiješa, trebalo bi imati konzistenciju vlažnog tijesta za kolačiće. Ako se počne sušiti, dodajte još vode. Po potrebi prekrijte vlažnom krpom.

SKUPŠTINA:
o) Kukuruzne ljuske pripremite potapanjem u zdjelu ili posudu za pečenje s vrućom vodom na 30 minuta.
p) Odvojite ljuske i isperite ih pod toplom tekućom vodom kako biste isprali sav pijesak ili smeđu svilu. Namočite ih u toplu vodu dok ne budu spremni za upotrebu.
q) Nanesite masu na glatku stranu ljuske stražnjom stranom žlice na otprilike ½" od bočnih rubova, 1" od gornjeg ruba i 2" od donjeg ruba.
r) Žlicom stavite oko 2 žlice nadjeva u sredinu.
s) Urolati ljusku tako da masa prekrije nadjev i treba se odvojiti od ljuske. Zatim zarolajte ljusku i preklopite donji kraj.
t) Ponavljajte dok ne potrošite svu masu i nadjev.
u) Stavite tamale slobodno zapakirane u posudu za kuhanje na pari/blanšer/špagete ili ih položite ravno u križni uzorak kako bi para mogla učinkovito prodrijeti.
v) Pokrijte lonac i kuhajte na pari oko 1 sat do 1-¼ sata ili dok masa ne postane čvrsta i lako se odvoji od ljuske.
w) Poslužite tamale tople. Neka svatko sam skine svoje ljuske. Po želji se mogu preliti zelenim umakom od čilija , čili con carneom ili sirom i lukom. Uživajte u novom meksičkom svinjskom tamalesu!

60. Tamales od crvene čile svinjetine

SASTOJCI:
TIJESTO:
- 2/3 šalice svježe svinjske masti, ohlađene
- 1 žličica praška za pecivo
- 1 žličica soli
- 2 šalice grubo mljevene svježe mase ili 1 3/4 šalice masa harine pomiješane s 1 šalicom plus 2 žlice vruće vode (ohlađene na sobnu temperaturu)
- 2/3 šalice pilećeg, goveđeg ili povrtnog temeljca
- Omot:
- 4 unce sušenih kukuruznih ljuski

PUNJENJE:
- 6 velikih suhih New Mexico chilesa
- 2 češnja češnjaka, sitno nasjeckana
- 1/4 žličice svježe mljevenog crnog papra
- 1/8 žličice mljevenog kima
- 12 unci nemasne svinjske lopatice bez kostiju, izrezane na kocke od 1/2 inča
- 1 žličica soli

UPUTE:
NAPRAVITE TIJESTO:
a) U zdjeli električnog miksera opremljenog nastavkom s lopaticom pomiješajte mast, prašak za pecivo i sol. Tucite dok ne postane svijetlo i pjenasto.
b) Dodajte 1 šalicu mase i 1/3 šalice temeljca; tucite dok se temeljito ne sjedini.
c) Dodajte preostalu masu i 1/3 šalice temeljca; tucite dok ne postane svijetlo i pjenasto, oko 2 minute.
d) Stavite tijesto u hladnjak na najmanje 1 sat.

NAPRAVITE OMOTE:
e) Otopite kukuruzne ljuske tako da ih stavite u duboki lonac i prelijete vodom.
f) Stavite lonac na jaku vatru i zakuhajte. Prebacite ljuske i vodu u zdjelu otpornu na toplinu. Stavite mali tanjur na ljuske, držeći ih potopljene. Namočiti 1 sat. Izvaditi iz vode.

NAPRAVITE PUNJENJE:
g) Papričici uklonite peteljke, sjemenke i narežite na 4 dijela.
h) U blenderu pomiješajte čili , češnjak, papar i kumin. Dodajte 1 1/2 šalice vode i miksajte dok ne nastane glatki pire. Procijedite smjesu u lonac srednje veličine.
i) Dodajte svinjetinu, 1 3/4 šalice vode i sol. Kuhajte na srednjoj vatri dok tekućina ne postane gusta umaka, a meso vrlo omekša (50 do 60 minuta). Meso izlomite vilicom.

SASTAVITE TAMALE:
j) Smjesu tamale vratiti u mikser. Mijesite nekoliko sekundi da posvijetli tijesto.
k) Dodajte 3 žlice umaka i promiješajte da se sjedini. Gustoću prilagodite s nekoliko žlica pilećeg temeljca.

PRIPREMITE KUKURUZNE LJUPINE:
l) Odmotajte jednu veliku rekonstituiranu ljusku kukuruza i razderite je uzduž zrna kako biste napravili trake širine 1/4 inča (dvije po tamaleu).
m) Stavite još jedan dugački komad na radnu površinu, šiljatim krajem od sebe.
n) Zagrabite 1/4 šalice tijesta na sredinu jednog kraja ljuske. Raširite u kvadrat od 4 inča, ostavljajući obrube sa strane.
o) Žlicom stavite 2 žlice nadjeva u sredinu.
p) Spojite dugačke strane kako biste oblikovali cilindar, pazeći da tijesto obuhvati nadjev.
q) Presavijte šiljasti kraj i labavo zavežite trakom ljuske. Presavijte ravni kraj i zavežite.

Kuhajte tamale na pari:
r) Postavite kuhalo za paru na jaku vatru. Kad para počne izlaziti, smanjite vatru na srednju.
s) Kuhajte na pari 1 sat i 15 minuta, po potrebi dodajte još vode.
t) Odmotajte tamale. Ako se tijesto odvoji od omota i čini se mekanim, spremno je . Ako se zalijepi, ponovno zamotajte i kuhajte na pari dodatnih 15 do 20 minuta.
u) Maknite s vatre i ostavite stajati 15 minuta da se smjesa stegne.
v) Poslužite s pečenom tomatillo-chipotle salsom.
w) Uživajte u tamalesu Red-Chile svinjetine!

61. Narezano meso Tamales

SASTOJCI:
- 32 Kukuruzne ljuske

MASA:
- 1 šalica svinjske masti
- 1 žličica čilija u prahu

PUNJENJE:
- 1 srednji luk, nasjeckan
- 1 češanj češnjaka, zgnječen
- 1/2 žličice kumina, mljevenog
- 1/2 žličice čilija u prahu
- 1/2 žlice soli
- 1/2 žlice svinjske masti
- 1 žličica čilija u prahu
- 1 žličica soli
- 8 šalica Masa
- 3 šalice tople vode
- 1/4 žličice crnog papra
- 3 žlice grožđica, sitno nasjeckanih
- 2 žlice ulja
- 1 funta Meso, nasjeckano
- 1/4 šalice vode

VODA ZA KUHANJE:
- 1 litra vode

UPUTE:
NAMAKANJE ŠUKOVA:
a) Kukuruzne ljuske prije upotrebe namočite u toplu vodu 2 sata ili preko noći.

PUNJENJE:
b) Na zagrijanom ulju popržite luk, češnjak, kumin, čili u prahu, sol, papar i grožđice (po želji).
c) Dodati narezano meso i vodu; kuhati dok se tekućina ne upije.

MASA:
d) Izradite mast, čili u prahu i sol u masu; mijesiti rukama dok ne postane glatko. (Alternativno, koristite pekač kruha na "ručnoj" postavci.)

e) Sastavljanje tamalesa:
f) Stražnjom stranom žlice premažite tanak i ravnomjeran sloj mase na unutarnju stranu kukuruzne ljuske, pokrivajući polovicu duljine ljuske.
g) Masom obloženi dio ljuske tanko namažite 1 žlicom smjese za nadjev.
h) Preklopite jednu stranu ljuske preko druge, savijajući ispod dijela ljuske koji ne sadrži masu.
i) Slaganje i kuhanje na pari:
j) Složite tamale u piramidalnom obliku na plitku rešetku za kuhanje na pari na dnu velikog kuhala.
k) U vodu dodajte svinjsku mast i čili u prahu i prelijte tamale.
l) Pokrijte dodatnim ljuskama i kuhajte na pari 4-5 sati.
m) Savjet: kada je masa gotova, odvojit će se od ljuski kada se rasklopi.

62. Narezani svinjski tamales

SASTOJCI:
- 18 Osušene kukuruzne ljuske
- 1 mali luk, nasjeckan (1/4 šalice)
- 2 žlice biljnog ulja
- 1/4 šalice osnovnog crvenog umaka
- Narezana svinjetina
- 2 žlice grožđica
- 2 žlice kapara
- 2 žlice narezanog svježeg cilantra
- 18 maslina bez koštica

RJEDANA SVINJINA:
- 1 funta svinjske lopatice bez kostiju
- 1 rajčica, nasjeckana
- 1 mali luk, narezan na 1/4
- 1 mrkva, izrezana na komade od 1 inča
- 1 stabljika celera, izrezana na komade od 1 inča
- 1 žlica čilija u prahu
- 1 žličica soli
- 1/4 žličice sjemenki kima
- 1/4 žličice sušenog origana
- 1/4 žličice papra
- 1 češanj češnjaka
- 1 list lovora
- 1 šalica masti ili masti
- 2 šalice Masa Harina
- 3 žličice praška za pecivo
- 2 šalice svinjske juhe (rezervirane od kuhanja svinjetine)

UPUTE:
RJEDANA SVINJINA:
a) Stavite sve sastojke za svinjetinu u tavu od 3 qt.
b) Dodajte dovoljno vode da prekrije.
c) Zagrijte do vrenja; smanjiti toplinu.
d) Poklopite i pirjajte dok svinjetina ne omekša, oko 1 1/2 sat.
e) Ocijedite, juhu sačuvajte za tamale tijesto.

TAMALE TIJESTO:

f) Istucite sve sastojke za tijesto u velikoj zdjeli miksera na maloj brzini, neprestano stružući zdjelu dok smjesa ne postane glatka pasta.
g) Tucite srednjom brzinom dok ne postane svijetlo i pjenasto, oko 10 minuta.

PRIPREMA TAMALESA:

h) Kukuruzne ljuske prelijte toplom vodom i ostavite da odstoje dok ne postanu savitljive, najmanje 2 sata.
i) Kuhajte i miješajte luk na ulju u tavi od 3 qt dok ne omekša.
j) Umiješajte crveni umak, narezanu svinjetinu i preostale sastojke osim tijesta i maslina.
k) Zagrijte do vrenja; smanjiti toplinu.
l) Pokrijte i ohladite 15 minuta.
m) Kukuruzne ljuske ocijediti ; osušite papirnatim ručnicima.
n) Raširite 1/4 šalice tijesta po sredini svake ljuske od jednog ruba do 1/2 inča od drugog ruba.
o) Žlicom stavite 2 žlice svinjske smjese u sredinu tijesta i na vrh stavite maslinu.
p) Omotajte ljuske oko nadjeva, počevši od ruba tijesta.
q) Savijte oba kraja prema gore prema sredini i pričvrstite uzicom ako je potrebno.
r) Stavite tamale na rešetku u pećnicu ili kuhalo na pari.
s) Ulijte kipuću vodu u holandsku pećnicu samo do razine rešetke.
t) Poklopite pećnicu i pustite vodu da ključa na laganoj vatri 1 sat.

63. Time-Warp Tamales

SASTOJCI:
- Jedna vrećica kukuruznih ljuski od 6 unci

MIJESTI TIJESTO
- 2 šalice ma iziranog tijesta
- 1 žličica morske soli
- ½ šalice otopljenog maslaca

PUNJENJE
- 6 cijelih zelenih čilija
- 1 funta pilećih prsa bez kostiju i kože ili 1 funta tikve narezane na kockice
- 1 žličica kumina
- 1 žličica paprike
- Sol
- Papar
- 1 žlica biljnog ulja
- ¼ šalice sitno nasjeckanog žutog luka
- 1 žličica maslaca
- 1 žlica pilećeg temeljca odn
- ½ šalice nasjeckanog sira Cheddar
- 1 žlica nasjeckanog cilantra
- 1 žlica nasjeckanog mladog luka
- Salsa i kiselo vrhnje, za posluživanje

UPUTE:
a) Rehidrirajte svoje kukuruzne ljuske tako da ih potopite u vodu preko noći. Isperite ljuske prije upotrebe.
b) Da biste napravili tijesto , pomiješajte tijesto za maze sa soli u velikoj posudi za miješanje.
c) Polako dodajte otopljeni maslac, umiješajući ga u tijesto dok idete.
d) Zatim paprike ispecite na roštilju ili u pećnici dok kožica ne pougljeni. Ohladite i uklonite zagorjelu kožicu i sve sjemenke prije nego što paprike narežete na kockice.
e) Pileća prsa začinite kuminom, paprikom te solju i paprom po ukusu. U tavi zagrijte ulje na jakoj vatri i pirjajte piletinu 3½ minute sa svake strane, dok ne porumeni.

f) Dodajte žuti luk i maslac i kuhajte 1 minutu, zatim dodajte pileći temeljac i maknite s vatre.
g) Kad se piletina ohladi narežite je na male komadiće.
h) Izrezanu piletinu pomiješajte s paprikom i sirom. Začinite s još soli i papra, ako želite, zatim dodajte cilantro i mladi luk, te promiješajte da se sjedini. Vaše punjenje je gotovo!
i) Da biste sastavili tamale, napravite kuglu od tijesta veličine šljive u sredini dlana.
j) Stavite ga na sredinu ljuske kukuruza i stražnjom stranom žlice ravnomjerno rasporedite u tanki sloj. Stavite punu žlicu nadjeva na vrh tijesta i pripremite se za zavrtanje jednog!
k) Uzmite drugu ljusku kukuruza i natrgajte je na trakice. Koristit ćete ove dijelove da zavežete krajeve tamale.
l) Kukuruznu ljusku s nadjevom zarolajte i stisnite krajeve, tjerajući nadjev prema sredini tamale, zatim preklopite višak ljuske i pričvrstite trakicama ljuske ili običnim koncem, tako da ljuska ostane presavijena dok se kuha na pari.
m) U ovom trenutku možete zamrznuti malo tamalesa i spremiti ih za neki drugi dan ili ih sve sada možete kuhati na pari.
n) Tamales se tradicionalno kuha na pari u posebnoj košarici, ali možete koristiti i kuhalo za povrće na pari. Spakirajte tamale u posudu za kuhanje na pari i stavite posudu za kuhanje iznad kipuće vode u velikom loncu.
o) Smanjite da lagano kuha i poklopite lonac.
p) Kuhajte 1 do 1½ sat, povremeno provjeravajući razinu vode i dodajući još vode ako je potrebno.
q) Izvadi jednu tamale i provjeri cvrstocu tijesta . Trebalo bi biti spužvasto i malo masno ali čvrsto.
r) Poslužite svoje tamale tople, sa šalšom i kiselim vrhnjem sa strane po želji.

64. Tamales s piletinom i salsa verde

SASTOJCI:
ZA TAMALES:
- ½ (8 unci) paketa suhih kukuruznih ljuski
- 4 unce (1/2 šalice) svinjske masti
- 1 funta (2 šalice) svježe mase
- ⅔ šalice juhe od peradi
- 1 žličica praška za pecivo
- ½ žličice soli

ZA SALSA VERDE:
- 1 funta tomatillosa
- 3 serrano čilija
- Sol
- 1 žlica svinjske masti
- 6 grančica svježeg korijandera, grubo nasjeckanog
- 1 manja glavica luka nasjeckana
- 1 veliki češanj češnjaka, nasjeckan
- 3 rajčice, nasjeckane
- ¼ šalice cilantra, nasjeckanog
- 1⅓ šalice nasjeckane piletine

UPUTE:
PRIPREMITE KUKURUZNE LJUSKE:
a) Kuhajte ljuske u vodi da budu pokrivene 10 minuta, opterećujući ih tanjurom da ostanu potopljene. Ostavite ih da stoje dok ljuske ne postanu savitljive.

NAPRAVITE TIJESTO:
b) Tucite mast mikserom dok ne posvijetli, oko minutu.
c) Dodajte ½ funte (1 šalicu) svježe mase svinjskoj masti. Tucite dok se dobro ne izmiješa.
d) Nastavite tući, dodajući naizmjenično preostalih ½ funte mase i juhu od peradi, dodajući samo toliko juhe da dobijete konzistenciju srednje gustog tijesta za kolače.
e) Pospite praškom za pecivo i soli. Tucite još 1 minutu.

NAPRAVITE SALSA VERDE:
f) Ogulite i operite rajčice. Kuhajte rajčice i 3 serrano čilija s malo soli u loncu vode dok ne omekšaju, oko 10 do 15 minuta.

g) Ocijedite ih i stavite u zdjelu multipraktika. Dodajte korijander, luk i češnjak. Procesirajte dok ne postane glatko.
h) Zagrijte 1 žlicu svinjske masti u srednje velikoj tavi na srednje jakoj vatri. Kad se mast zagrije da kapljica pirea od rajčice zacvrči, ulijte sve odjednom.
i) Umak neprestano miješajte 45 minuta dok ne postane tamniji i gušći, dovoljno gust da možete premazati žlicu. Dodajte nasjeckane rajčice i cilantro. Posolite.

POMIJEŠAJTE I OBLIKUJTE TAMALE:
j) Pomiješajte narezanu piletinu s ½ šalice kuhanog tomatillo umaka.
k) Ljuske izvadite iz vode kada omekšaju. Osušite ljuske. Natrgajte dodatne ljuske na ¼ inča široke, 7 inča dugačke trake, po jednu za svaki tamale.
l) Uzmite onaj koji ima najmanje 6 inča poprečno na širem kraju i 6-7 inča dug. Položite ovu kukuruznu ljusku sa suženim krajem prema sebi.
m) Raširite nekoliko žlica smjese za tijesto u kvadrat, ostavljajući rub od najmanje 1 1/2 inča sa strane prema vama i rub od ¾ inča duž ostalih strana.
n) Podignite dvije dugačke strane ljuske kukuruza i spojite ih, preklapajući jednu preko druge. Čvrsto presavijte donji dio ljuske sve do crte za punjenje. Ostavite vrh otvoren. Pričvrstite ga na mjesto labavim vezanjem jedne trake ljuske oko tamale. Ponovite s preostalim ljuskama i smjesom za tijesto.
o) Stavite tamale na presavijeno dno u pripremljenu posudu za kuhanje na pari, pazeći da nisu pretijesno zbijene jer se moraju proširiti. Pokrijte slojem ostataka ljuski. Pokrijte poklopcem i kuhajte na pari 1 sat.
p) Pažljivo provjerite da sva voda ne iskipi, dodajte kipuću vodu kada je potrebno.
q) Poslužite uz dodatnu salsu sa strane.

65. Pileći tamale s paprikom i umakom od bosiljka

SASTOJCI:
PEČENA CRVENA PAPRIKA I UMAK OD BOSILJAKA:
- 4 crvene paprike babure, pečene, oguljene, očišćene od sjemenki i narezane na kockice
- 2 češnja češnjaka, nasjeckana
- 1 žlica nasjeckanog svježeg bosiljka
- 1 Chipotle čili, bez peteljke
- 2 žlice Durkee's cayenne umaka
- 1/2 žličice mljevenog kima
- Posolite po ukusu

TAMALE TIJESTO:
- 1 1/2 šalice Masa harina
- 1/2 žličice šećera
- 1/2 žličice soli
- 1 žličica otopljenog maslaca
- 1 režanj češnjaka, nasjeckan
- 3/4 šalice vode
- 1 žličica biljnog ulja

PUNJENJE:
- 1/2 funte dimljene piletine bez kostiju, narezane na kockice
- 2 češnja češnjaka, nasjeckana
- 4 nova meksička čilija, pečena, oguljena, bez peteljki, sjemenki i grubo nasjeckana
- 1/4 šalice ribanog Monterey Jack sira
- 1/4 šalice ribanog cheddar sira
- 1 žličica mljevenog kima
- 1/2 žličice mljevenog korijandera
- 1/2 žličice čili praha
- Posolite i popaprite po ukusu
- 8 velikih ljuski kukuruza

UPUTE:
PEČENA CRVENA PAPRIKA I UMAK OD BOSILJAKA:
a) U blenderu ili procesoru hrane pomiješajte pečenu crvenu papriku, češnjak, bosiljak, chipotle chile, cayenne umak, mljeveni kim i sol.

b) Miješajte dok ne postane glatko. Ostavite sa strane ili u hladnjaku do posluživanja.

TAMALE TIJESTO:
c) U zdjeli za miješanje pomiješajte masa harinu , šećer, sol, otopljeni maslac, nasjeckani češnjak i vodu.
d) Miješajte dok se ne formira mekano tijesto. Pokrijte plastičnom folijom i ostavite sa strane.

PUNJENJE:
e) Zagrijte biljno ulje u velikoj tavi na jakoj vatri.
f) Dodati dimljenu piletinu narezanu na kockice i kuhati dok nije skoro kuhana (oko 4 minute).
g) Dodajte nasjeckani češnjak i pečeni novi meksički chiles . Promiješajte da se sjedini.
h) Maknite s vatre i ostavite da se ohladi. Dodajte naribane sireve Monterey Jack i Cheddar, mljeveni kumin, mljeveni korijander, čili u prahu, sol i papar. Dobro promiješajte.

SKUPŠTINA:
i) Kukuruzne ljuske potopite u toplu vodu 10 minuta dok ne postanu savitljive.
j) Natrgajte 2 ljuske na 12 traka i ostavite sa strane.
k) Položite 6 kora na radnu površinu i između njih ravnomjerno rasporedite tamale tijesto.
l) Oblikujte tijesto u pravokutnik, ostavljajući rub od 1/2 inča duž stranica.
m) Žlicom stavljajte pileći nadjev u sredinu tijesta.
n) Omotajte ljusku po dužini preko nadjeva kako biste oblikovali oblik cijevi, zatvarajući nadjev u tijesto.
o) Tijesto skroz umotajte u ljusku i oba kraja povežite otkinutim trakama.
p) Stavite tamale u posudu za kuhanje na pari, dobro pokrijte i kuhajte na pari 15 do 20 minuta.
q) Poslužite odmah s umakom od pečene crvene paprike i bosiljka sa strane.

66. Čileanski začinjeni pire kukuruzni tamales

SASTOJCI:
- 3½ šalice kukuruznih zrna (svježih ili konzerviranih)
- ½ šalice mlijeka
- 1 žličica soli
- Svježe mljeveni crni papar
- 1 žličica Aji chile u prahu, ili zamjena New Mexican
- 2 žlice margarina
- 1 luk, nasjeckan
- ½ šalice ljetne tikve, sitno nasjeckane
- 1 žlica nasjeckane crvene paprike
- 1 žlica svježeg cilantra, nasjeckanog
- ¼ šalice parmezana, naribanog
- Listovi banane (6 x 6 inča) ili ljuske kukuruza

UPUTE:
a) Pasirajte zrna kukuruza s mlijekom u multipraktiku. Dodajte sol, papar i čili u prahu i dobro promiješajte.
b) U većoj tavi zagrijte margarin, pa pirjajte luk, tikvu, crvenu papriku i cilantro 10 minuta.
c) Dodati pasirani kukuruz i kuhati uz stalno miješanje dok se ne zgusne oko 5 minuta.
d) Dodajte naribani sir, dobro promiješajte i maknite s vatre.
e) Listove banane ili kukuruzne ljuske blanširajte u kipućoj vodi i ocijedite.
f) Jednu po jednu, uklonite svaku ljusku i rasporedite oko 4 žlice mješavine kukuruza u sredinu svake ljuske.
g) Presavijte ljusku oko smjese kukuruza kako biste napravili četvrtasti paket i čvrsto zavežite kuhinjskim koncem. Provjerite jesu li svi rubovi zapečaćeni tako da tijesto ne može iscuriti iz ljuske.
h) Kad se sve ljuske napune, stavite ih u veliki lonac posoljene vode da pokriju i poklopljeno kuhajte na laganoj vatri oko 1 sat.
i) Poslužite tamale u ljusci dok su topli. Mogu se kuhati i na pari.

67. Succotash Tamales

SASTOJCI:
- 200 grama instant kus-kusa, ocijeđenog i prethodno kuhanog
- 100 grama ocijeđenog graha u konzervi
- 100 grama konzerviranog zrna kukuruza šećerca
- 100 grama svježeg oljuštenog graška
- 1 mala slatka crvena paprika
- 4 mlada luka
- 1 velika kocka maslaca
- 4 tamale (sušene ljuske kukuruza)
- Šaka listova korijandera
- Posolite i popaprite po ukusu

UPUTE:
a) Mladi luk i crvenu papriku sitno nasjeckajte.
b) Na malo maslaca lagano popržite nasjeckani mladi luk i crvenu papriku. Posolite i popaprite.
c) Dodajte grah na maslacu, zrna kukuruza i grašak. Lagano pirjajte 2 minute.
d) Dodajte kuhani kus-kus i lagano zagrijte.
e) Na kraju promiješajte listiće korijandera.
f) Svaki vezani tamale podjednako napunite mješavinom sukote.
g) Poslužite uz začinjenu piletinu, odreske ili cajunska pečena jaja.
h) Uživajte u Succotash Tamales!

68.Tamales od slatkog graha

SASTOJCI:
MASA TIJESTO:
- 2/3 šalice masti
- 2 žlice šećera
- 1½ žličice soli
- 1½ funte svježe mase za tamale
- 1 šalica vode

NADJEV OD SLATKOG GRAHA:
- 1 litra Pinto graha, kuhanog i ocijeđenog
- 1/4 šalice svinjske masti
- 1 šalica zdrobljene panoche (meksički smeđi šećer) ili tamnog šećera
- 1 žličica mljevenog cimeta
- 1 žličica mljevenih klinčića
- 2 šalice grožđica, namočenih u vrućoj vodi 1/2 sata

KUKURUZNE LJUPINE:
- Kukuruzne ljuske, namočene u vrućoj vodi 10 minuta dok ne postanu savitljive, zatim isprane i ocijeđene

UPUTE:
MASA TIJESTO:
a) Umutiti svinjsku mast, šećer i sol u električnoj miješalici dok ne postane pjenasto.
b) Postupno dodajte masu, naizmjenično s vodom.
c) Tucite dok ne postane pjenasto. Testirajte stavljanjem malog uzorka smjese u čašu vode. Ako uzorak pluta, masa je gotova.

NADJEV OD SLATKOG GRAHA:
d) Ocijeđeni grah zgnječiti.
e) U tavi zagrijte mast.
f) Dodajte grah, panochu, cimet, klinčiće i ocijeđene grožđice.
g) Kuhajte 15 minuta uz često miješanje da grah ne zagori.
h) Ohladiti prije upotrebe.

SASTAVLJANJE TAMALESA:
i) Za male tamale, stavite 1 žlicu mase na širi dio ljuske i rasporedite je sa svake strane.
j) U sredinu stavite 1 punu žlicu smjese graha.

k) Presavijte stranice ljuskica da pokriju nadjev, tako da se rubovi preklapaju.
l) Presavijte šiljasti kraj prema tamaleu i spojite otvorene krajeve.

TAMALES NA PARI:
m) Stavite snop folije veličine šalice u veliki kuhalo za vodu i dodajte 2 šalice vode.
n) Složite tamale u piramidu, otvoren kraj prema gore, tako da presavijeni kraj bude naslonjen na foliju da drži zatvorenu.
o) Kuhajte na pari poklopljeno 40 minuta.

69. Slatki tamales od crne riže s Ha Gowom

SASTOJCI:
ZA RIŽU MASU:
- 3 šalice tajlandske slatke crne riže
- 2 žličice praška za pecivo
- 8 unci neslanog maslaca

ZA HA GOW NADJEV:
- 27 unci Ha gow punjenje

ZA MONTAŽU:
- 18 Kukuruzna ljuska, navlažena
- Suhe kineske crne gljive, namočene i mljevene
- ½ funte sitno narezanih škampa
- ½ žličice soli
- 1½ žličice šećera
- 1 bjelanjak, tučen
- 1½ žličice svježe naribanog đumbira
- 1 žlica suhog bijelog vina
- 2 žlice kukuruznog škroba
- 2 žličice umaka od kamenica
- 1 žličica sojinog umaka
- 1½ žličice sezamovog ulja
- 1½ žličice ulja od kikirikija
- ¼ šalice sitno nasjeckanih jicama
- ¼ šalice sitno narezane mrkve
- 1 velika hrpa nasjeckanog mladog luka
- 1 prstohvat bijelog papra
- ¾ šalice fermentiranog crnog graha
- ¼ šalice nasjeckanog češnjaka

ZA SZECHUAN UMAK OD CRNOG GRAHA:
- 6 Crne dagnje, u ljušturama
- 2 žlice ulja od kikirikija
- 2 žlice neslanog maslaca, plus 2 unce za završetak jela
- 1 šalica vina od šljiva
- 1 šalica mirina
- 3 šalice pilećeg temeljca
- 2 žlice crvenog misa
- 1 žlica Hoisin umaka

- 2 žlice češnjaka
- 2 žlice đumbira
- 1 žlica mladog luka
- ½ žličice zgnječenog crvenog čilija

ZA MJEŠAVINU CHINOIS:
- 1 šalica crnog graha
- ¼ šalice češnjaka
- ¼ šalice nasjeckanog chinoisa

UPUTE:
ZA RIŽU MASU:
a) Rižu sameljite u mlincu za kavu što sitnije.
b) Namočiti u toploj vodi 1 sat. Ocijedite kroz gazu i prebacite u multipraktik s nastavkom za lopaticu.
c) Dodajte prašak za pecivo i maslac, miješajte dok se sastojci ne sjedine i tekstura podsjeća na masu.

ZA HA GOW NADJEV:
d) Gljive potopiti u vruću vodu 30 minuta. Uklonite peteljke i mljevene kapice.
e) Stavite škampe u kuhinjski procesor sa soli, šećerom, bjelanjkom, đumbirom, vinom, kukuruznim škrobom, umakom od kamenica, soja umakom, sezamovim uljem i uljem od kikirikija. Nakon svakog dodavanja dobro promiješajte.
f) Dodajte gljive, jicama, mrkvu, nasjeckani mladi luk i bijeli papar. Dobro promiješajte.

ZA MONTAŽU:
g) Za svaki tamale položite dvije navlažene ljuske kukuruza na radnu površinu, oblikujući pravokutnik.
h) Stavite 2 unce rižine mase, zatim 3 unce ha gow nadjeva i na kraju još 2 unce rižine mase na vrh.
i) Zamotajte i stavite u kuhalo na pari. Kuhajte na pari otprilike 50-60 minuta dok riža ne bude kuhana.

ZA SZECHUAN UMAK OD CRNOG GRAHA:
j) Crni grah, češnjak i chinois grubo obradite.
k) Pirjajte sa dagnjama u ljusci na malo ulja od kikirikija i maslaca.

l) Dodati vino od šljiva, mirin i reducirati. Zatim dodajte pileći temeljac, miso i hoisin i smanjite.
m) Izvadite dagnje i smjesu izradite u pire.
n) Za završetak umaka dodajte 2 unce maslaca.
o) Za Chinois Mix:
p) Pomiješajte sve sastojke.

70.Tamale lonac od zelenog kukuruza

SASTOJCI:
- 1 (4 oz.) limenka cijelog zelenog čilija
- 3 šalice svježeg ili smrznutog kukuruza
- ⅓ šalice žutog kukuruznog brašna
- 2 žlice otopljenog maslaca
- 2 žličice šećera
- 1 žličica soli
- 1 šalica ribanog sira

UPUTE:
a) Zagrijte pećnicu na 350 stupnjeva. Premažite maslacem posudu za pečenje.
b) Zeleni čili narežite na široke trakice.
c) U blenderu pomiješajte svježi ili smrznuti kukuruz, žutu kukuruznu krupicu, rastopljeni maslac, šećer i sol dok se dobro ne sjedine.
d) Na dno posude za pečenje namazane maslacem rasporedite polovicu mješavine kukuruznog brašna, a zatim trakice zelenih čilija i naribani sir. Ponovite slojeve, završite s preostalom mješavinom kukuruznog brašna na vrhu. Na sam vrh dodatno pospite sir.
e) Pokrijte posudu folijom i pecite 1 sat na 350 stupnjeva.

71. Kupus Tamales

SASTOJCI:
- 1 velika glavica kupusa
- 4 funte svinjskih kotleta ili fileta, nekuhanih
- ½ funte Minute riže, kuhane
- 1 funta slanine, nekuhane
- 1 velika limenka soka od rajčice
- 1 srednja glavica luka, nasjeckana
- Posolite i popaprite po ukusu
- Crvena paprika (u prahu)

UPUTE:
a) Skuhajte rižu prema uputama na pakiranju.
b) Kupusu izrežite jezgru što je moguće dalje. Cijelu glavicu kupusa stavite u vruću posoljenu vodu dok vanjski listovi ne omekšaju. Izvadite iz vode i stavite na tanjur, skidajući listove dok omekšaju. Zamijenite kupus u lagano kipućoj vodi dok ne skinete sve listove.
c) Narežite svinjsko meso na kvadrate veličine otprilike ½ inča.
d) Nepečenom slaninom obložite dno i stranice posude za pečenje.
e) Uzimati jedan po jedan list kupusa. Na svaki list stavite žlicu kuhane riže, 4 do 5 kockica svinjskog mesa, malo nasjeckanog luka te malo soli i papra (po želji). Smotajte list i stavite ga u posudu za pečenje. Ponovite ovaj postupak za svaki list.
f) Na zarolane listove kelja stavite ostatke mesa, luka i riže. Po vrhu obložiti slaninom.
g) U posudu za pečenje ulijte jednu limenku soka od rajčice i jednu limenku vode. Po vrhu posuti crvenu papriku u prahu.
h) Pecite pokriveno na 350 stupnjeva 3 sata.
i) Tamales od kupusa poslužite s francuskim kruhom. Uživati!

72. Chilahuates (tamales umotan u lišće banane)

SASTOJCI:
- 1 šalica crnog graha
- 4 šalice masa harina
- ½ šalice biljnog masti
- 2 šalice juhe od povrća, mlake
- 1 žličica soli
- 1 žličica praška za pecivo
- 3 lista banane
- ¼ šalice biljnog ulja
- 1 češanj češnjaka, sitno nasjeckan
- ½ šalice mladog luka, sitno nasjeckanog
- 1 chayote tikva, sitno nasjeckana
- 6 jalapeno čilija, bez peteljki i sitno nasjeckanih
- ½ šalice badema, blanširanih i sitno nasjeckanih
- ¼ šalice nasjeckanog svježeg cilantra
- Sol, po ukusu

UPUTE:

a) Stavite crni grah u srednji lonac, dodajte vodu i zakuhajte. Smanjite vatru i poklopljeno kuhajte 1-2 sata dok grah ne omekša. Grah je kuhan kada mu se ljuska lako lomi pri miješanju.

b) U zdjeli za miješanje tucite masa harinu s biljnom mast, naizmjenično s mlakom juhom od povrća dok ne postane svijetla i pahuljasta, oko 10 minuta. Dodajte sol i prašak za pecivo i tucite još 2 minute.

c) Očistite i skuhajte ili pougljenite listove banane (ako nisu prethodno skuhani). Odrežite tvrde žile i izrežite lišće na kvadrate veličine otprilike 8-10 inča.

d) Zagrijte biljno ulje u tavi i pirjajte češnjak i mladi luk dok ne porumene. Dodajte chayote, jalapeno chiles, bademe, cilantro i kuhani crni grah. Dobro promiješajte, miješajući i sve zajedno kuhajte. Posolite po ukusu.

e) Na kvadratni list banane rasporedite malo manje od ½ šalice masa harine poput palačinke. Na vrh stavite otprilike 2 žličice mješavine povrća/graha. Preklopite list kao paket i ponovite s preostalim listovima i nadjevom.

f) Stavite tamale u posudu za kuhanje na pari, dijagonalno ih preklapajući kako bi para mogla proći. Pokrijte lonac i kuhajte na pari najmanje 1½ sat, s vremena na vrijeme provjeravajući razinu vode.
g) Nakon kuhanja, pažljivo odmotajte listove banane i poslužite chilahuates vruće. Uživajte u svojim ukusnim tamalisima umotanim u listove banane!

73. Tamales od škampa i kukuruza

SASTOJCI:
- 2 šalice masa harina
- 1 šalica pileće ili povrtne juhe
- 1/2 šalice neslanog maslaca, omekšalog
- 1 šalica kuhanih kozica, nasjeckanih
- 1 šalica kukuruznih zrna
- 1/4 šalice nasjeckanog svježeg cilantra
- 1 žličica kumina
- Posolite i popaprite po ukusu
- Kukuruzna ljuska za zamatanje

UPUTE:
a) Pomiješajte masu harinu s juhom i omekšalim maslacem da dobijete tijesto.
b) Umiješajte kuhane škampe, kukuruz, cilantro, kumin, sol i papar.
c) Smjesu namažite na kukuruzne ljuske i savijte u tamale.
d) Kuhajte na pari 1-1,5 sat.

74. Tamales od jastoga i avokada

SASTOJCI:
- 2 šalice masa harina
- 1 šalica riblje ili povrtne juhe
- 1/2 šalice neslanog maslaca, omekšalog
- 1 šalica kuhanog mesa jastoga, nasjeckanog
- 1/2 šalice avokada narezanog na kockice
- 1/4 šalice nasjeckanog svježeg peršina
- 1 žličica korice limete
- Sol i kajenski papar po ukusu
- Kukuruzna ljuska za zamatanje

UPUTE:
a) Pomiješajte masu harinu s juhom i omekšalim maslacem da dobijete tijesto.
b) Umiješajte kuhanog jastoga, avokado narezan na kockice, peršin, koricu limete, sol i kajenski papar.
c) Smjesu namažite na kukuruzne ljuske i savijte u tamale.
d) Kuhajte na pari 1-1,5 sat.

75. Rakovi i tamales pečene crvene paprike

SASTOJCI:
- 2 šalice masa harina
- 1 šalica riblje ili povrtne juhe
- 1/2 šalice neslanog maslaca, omekšalog
- 1 šalica grudičastog mesa rakova
- 1/2 šalice pečene crvene paprike, nasjeckane
- 1/4 šalice nasjeckanog mladog luka
- 1 žličica začina Old Bay
- Sol i crni papar po ukusu
- Kukuruzna ljuska za zamatanje

UPUTE:
a) Pomiješajte masu harinu s juhom i omekšalim maslacem da dobijete tijesto.
b) meso rakova u komade, pečenu crvenu papriku, mladi luk, začin Old Bay, sol i crni papar.
c) Smjesu namažite na kukuruzne ljuske i savijte u tamale.
d) Kuhajte na pari 1-1,5 sat.

76.Tamales od lososa i kopra

SASTOJCI:
- 2 šalice masa harina
- 1 šalica riblje ili povrtne juhe
- 1/2 šalice neslanog maslaca, omekšalog
- 1 šalica kuhanog lososa, u listićima
- 1/4 šalice nasjeckanog svježeg kopra
- 1/4 šalice kapara, ocijeđenih
- 1 žličica limunove korice
- Sol i bijeli papar po ukusu
- Kukuruzna ljuska za zamatanje

UPUTE:
a) Pomiješajte masu harinu s juhom i omekšalim maslacem da dobijete tijesto.
b) Umiješajte kuhani losos, kopar, kapare, koricu limuna, sol i bijeli papar.
c) Smjesu namažite na kukuruzne ljuske i savijte u tamale.
d) Kuhajte na pari 1-1,5 sat.

CURROS

77. Osnovni prženi Churros

SASTOJCI:
- 1 šalica vode
- 2 ½ žlice granuliranog šećera
- ½ žličice soli
- 2 žlice biljnog ulja
- 1 šalica višenamjenskog brašna
- 2 litre ulja za prženje
- ½ šalice granuliranog šećera (po želji)
- 1 žličica mljevenog cimeta

UPUTE:
a) U malom loncu na srednje jakoj vatri pomiješajte vodu, 2 ½ žlice granuliranog šećera, sol i 2 žlice biljnog ulja.
b) Zakuhajte smjesu i zatim je maknite s vatre. Umiješajte brašno dok se smjesa ne oblikuje u kuglu.
c) Zagrijte ulje za prženje u fritezi ili dubokom loncu na temperaturu od 375 stupnjeva F (190 stupnjeva C).
d) Premjestite tijesto u čvrstu slastičarsku vrećicu opremljenu vrhom srednje zvjezdice.
e) Pažljivo ubacite nekoliko traka tijesta od 5 do 6 inča u vruće ulje, radeći u serijama kako biste izbjegli prenatrpanost friteze.
f) Pržite churrose dok ne porumene. Paukom ili šupljikavom žlicom izvadite churrose iz ulja i stavite ih na papirnate ručnike da se ocijede.
g) Pomiješajte ½ šalice granuliranog šećera s mljevenim cimetom.
h) Ocijeđene churrose uvaljajte u mješavinu cimeta i šećera.
i) Količinu šećera prilagodite svom ukusu.

78. Osnovni pečeni Churros

SASTOJCI:
- 1 šalica (8 oz/225 g) vode
- ½ šalice (4 oz/113 g) maslaca
- ½ žličice ekstrakta vanilije
- 2 žlice šećera
- ¼ žličice soli
- 143 g glatkog / višenamjenskog brašna
- 3 jaja (na sobnoj temperaturi)

UPUTE:
a) Zagrijte pećnicu na 400°F (200°C). Linija pergament papira; Staviti na stranu.
b) U lonac srednje veličine dodajte vodu, šećer, sol i maslac.
c) Stavite na srednje jaku vatru.
d) Zagrijte dok se maslac ne otopi i smjesa ne počne ključati.
e) Čim zakuha umiješajte brašno.
f) Miješajte dok ne bude grudica od brašna i dok se ne napravi lopta od tijesta.
g) Sada drvenom kuhačom promiješajte tijesto oko lonca i kuhajte ga oko minutu na LAGOJ vatri.
h) Smjesa će se zgrudati i povući sa stranica
i) Drvenom žlicom umiješajte malo mješavine jaja u tijesto. Promiješajte i mutite, lomite tijesto dok ne popusti. Dobro promiješajte dok se jaja ne sjedine i smjesa ne dobije izgled pire krumpira.
j) Nastavite dodavati jaja dok se ne sjedine
k) Učinite to pritiskom na vrećicu i polaganim rezanjem škarama.
l) Ostavite oko 2 inča prostora između churrosa.
m) Pecite oko 18-22 minute ili dok ne porumene.
n) ONDA isključite pećnicu i ostavite ih tamo 10 minuta da se malo osuše. Ovaj korak pomaže im da zadrže svoj oblik i da se ne spljošte nakon što se ohlade.
o) Samo na minutu :), zatim skinite s vatre i ostavite sa strane.
p) U vrču pomiješajte jaja i vaniliju i umutite.
q) Premjestite svoje tijesto u vrećicu sa zvjezdastim nastavkom.

r) Razvaljajte tijesto u duge churrose na plehovima prekrivenim pergamentom. Pazite da budu lijepe i debele.
s) Pomiješajte šećer, cimet i sol u vrećici s patentnim zatvaračem.
t) Izvadite churrose ravno iz pećnice i ubacite ih u smjesu dok dobro ne budu pokriveni. Najbolje je to učiniti kada su churrosi topli i tek iz pećnice.
u) Uživajte u svojim domaćim churrosima.

79. Churros s cimetom

SASTOJCI:
- ¼ šalice maslaca
- 1 šalica šećera
- 1 žlica šećera
- ½ šalice bijelog kukuruznog brašna
- ½ šalice brašna
- 3 velika jaja
- 2 žličice cimeta

UPUTE:

a) U srednje velikoj tavi zagrijte maslac s 1 žlicom šećera, ½ žličice soli i 1 šalicom vode do vrenja. uklonite tavu s vatre; odmah dodajte kukuruznu krupicu i brašno odjednom. na laganoj vatri,

b) Kuhajte smjesu, neprestano miješajući, dok se tijesto ne oblikuje u kuglu, oko 1 minutu. umiješajte jaja, jedno po jedno, snažno tukući nakon svakog dodavanja dok tijesto ne postane glatko. lim za pečenje obložite papirnatim ručnicima.

c) U papirnatoj vrećici ili velikoj zdjeli pomiješajte preostali šećer s cimetom. u dubokoj teškoj tavi ili pećnici zagrijte 3 inča ulja za salatu na 375 stupnjeva F. žlicom stavite tijesto u slastičarsku vrećicu opremljenu vrhom s brojem 6. ubacite 5" duljine tijesta u vruće ulje.

d) Pržite dok ne porumene s obje strane, oko 1½ minute po strani. šupljikavom žlicom izvadite churros iz ulja i stavite ih na lim za pečenje. još vruće staviti u vrećicu i premazati mješavinom cimeta i šećera. poslužite odmah.

80.Churros s pet začina

SASTOJCI:
- Biljno ulje (za prženje u dubokom ulju)
- ½ šalice + 2 žlice šećera
- ¾ žličice mljevenog cimeta
- ¾ žličice praha od pet začina
- 1 štapić (8 žlica) neslanog maslaca (narezanog na komadiće)
- ¼ žličice soli
- 1 šalica višenamjenskog brašna
- 3 velika jaja

UPUTE:
a) Napunite veliki, teški lonac s 2 inča biljnog ulja i zagrijte ga na 350 stupnjeva F pomoću termometra za prženje. Pripremite slastičarsku vrećicu s velikim zvjezdastim vrhom, a pored nje stavite tanjur obložen papirnatim ručnicima.
b) Na velikom tanjuru pomiješajte ½ šalice šećera, mljeveni cimet i pet začina u prahu.
c) U srednje velikoj tavi pomiješajte maslac, sol, preostale 2 žlice šećera i 1 šalicu vode. Pustite ovu smjesu da prokuha na srednjoj vatri. Kad prokuha dodajte brašno i snažno miješajte drvenom kuhačom dok smjesa ne postane kugla. Maknite s vatre i dodajte jedno po jedno jaje, snažno miješajući nakon svakog dodavanja. Dobivenu smjesu žlicom stavljajte u pripremljenu slastičarsku vrećicu.
d) Radeći u serijama, iscijedite otprilike 5 inča duljine tijesta u vruće ulje, odrežući krajeve od vrećice pomoću noža za guljenje. Pazite da ne pretrpate lonac. Pržite dok churros posvuda ne porumene, što bi trebalo trajati oko 6 minuta.
e) Premjestite ih na obloženi tanjur da se kratko ocijede, zatim ih prebacite na tanjur sa mješavinom šećera od pet začina i ravnomjerno premažite.
f) Poslužite svoj churros s pet začina odmah. Uživati!

81. Začinjeni kukuruzni Churros

SASTOJCI:
ZA SALSU I QUESO:
- 6 sušenih cascabela čili, bez peteljki i sjemenki
- 4 velike rajčice, bez jezgre
- 2 Fresno čilija, bez peteljki
- ¾ bijelog luka, oguljenog, narezanog na kriške
- 2 češnja češnjaka, oguljena
- 2 žlice svježeg soka od limete
- Košer soli
- 3 žlice neslanog maslaca
- 2 žlice višenamjenskog brašna
- 1 ½ šalice mlijeka (ili više)
- ½ funte Monterey jack sira, naribanog
- ½ funte cheddar sira, naribanog (mladog srednjeg ili oštrog)

ZA CURROSE:
- 1 žlica čilija u prahu
- 2/3 šalice mlijeka
- 6 žlica neslanog maslaca
- ½ žličice mljevenog kima
- ½ šalice višenamjenskog brašna
- ½ šalice kukuruznog brašna
- 3 velika jaja
- Biljno ulje (za prženje, oko 12 šalica)

UPUTE:
a) Zagrijte pećnicu na 350°F. Tostirajte cascabel čili dok ne zamiriše i lagano se zapeče oko 5 minuta. Izvadite čili iz lima za pečenje i ostavite da se ohladi.

b) Povećajte temperaturu pećnice na 450°F. Pecite rajčice, Fresno chilies i luk na obrubljenom limu za pečenje dok kožica ne porumeni i počne se odvajati od mesa, 30-35 minuta. Prebacite ih u blender i dodajte češnjak, sok limete i 2 žličice soli; miješajte dok ne postane glatko. Dodajte prepečeni cascabel čilija i miksajte dok se grubo ne nasjecka. Ostavite ga na sobnoj temperaturi do posluživanja.

c) U srednjoj tavi otopite maslac na srednjoj vatri. Umiješajte brašno i kuhajte dok se ne sjedini oko 1 minutu. Umutite mlijeko i nastavite kuhati dok smjesa ne zakipi i ne zgusne se oko 4 minute. Smanjite vatru , postupno dodajte oba sira i kuhajte uz stalno miješanje dok se sir potpuno ne otopi i queso ne postane gladak. Ako vam se čini pregusto, umiješajte još malo mlijeka. Ostavite queso na toplom dok ne bude spreman za posluživanje.

d) Stavite slastičarsku vrećicu sa zvjezdastim vrhom. U maloj posudi umutite čili u prahu i 1 žlicu soli; ostaviti ga sa strane.
e) U srednje jakoj tavi na srednje jakoj vatri zakuhajte mlijeko, maslac, kumin, 1¼ žličice soli i ½ šalice vode.
f) Koristeći drvenu kuhaču, dodajte brašno i kukuruznu krupicu odjednom i snažno miješajte dok se tijesto ne sjedini, oko 30 sekundi.
g) Ostavite u tavi 10 minuta da hidratizira kukuruzno brašno. Premjestite smjesu u zdjelu samostojećeg miksera ili veliku zdjelu.
h) Koristeći samostalni mikser opremljen nastavkom s lopaticom na srednje niskoj brzini, dodajte jaja u tijesto, jedno po jedno, pazeći da umiješate svako jaje prije dodavanja sljedećeg (alternativno, snažno miješajte drvenom kuhačom). Tijesto će isprva izgledati slomljeno; nastavite tući, povremeno strugući zdjelu, dok tijesto ne postane glatko, sjajno i pomalo rastezljivo (odvojite mali komad tijesta i razvucite ga— ne smije se slomiti). Žlicom stavljajte tijesto u pripremljenu slastičarsku vrećicu.
i) U veliki lonac ulijte ulje da dođe do polovice stijenki. Namjestite lonac s termometrom i zagrijavajte ga na srednje jakoj vatri dok termometar ne zabilježi 350°F. Držite vrećicu pod kutom tako da vrh bude nekoliko inča iznad površine ulja, istisnite tijesto, pomičući vrećicu dok stežete tako da se tijesto u dužini od 6 inča uvuče u ulje. Koristeći nož za guljenje, odrežite tijesto na vrhu da ga pusti u ulje.Ponovite postupak da napravite još 4 dužine tijesta.
j) Pržite churrose, okrećući ih jednom i prilagođavajući toplinu koliko je potrebno kako bi se održala temperatura ulja, dok ne porumene sa svih strana, 2-3 minute po strani. Prebacite ih u pleh obložen papirnatim ručnikom. Ponovite s preostalim tijestom.
k) Tople churrose pospite ostavljenom mješavinom čilija i soli. Prelijte salsu preko toplog quesa i zavrtite da se sjedini; poslužite s toplim churrosima. Uživati!

82. Čokoladni Churros

SASTOJCI:
- 1 šalica vode
- 2 žlice šećera
- ½ žličice soli
- 2 žlice biljnog ulja
- 1 šalica višenamjenskog brašna
- Biljno ulje za prženje
- ¼ šalice šećera u prahu (za posipanje)
- ½ šalice komadića čokolade
- ¼ šalice gustog vrhnja

UPUTE:
a) U loncu pomiješajte vodu, šećer, sol i biljno ulje. Zakuhajte smjesu.
b) Maknite lonac s vatre i dodajte brašno. Miješajte dok se smjesa ne oblikuje u kuglu tijesta.
c) Zagrijte biljno ulje u dubokoj tavi ili loncu na srednje jakoj vatri.
d) Premjestite tijesto u vrećicu sa zvjezdastim vrhom.
e) Ubacite tijesto u vruće ulje, režući ga nožem ili škarama na komade dužine 4-6 inča.
f) Pržite dok ne porumene sa svih strana, povremeno okrećući.
g) Churrose izvadite iz ulja i ocijedite na papirnatom ručniku.
h) Churrose pospite šećerom u prahu.
i) U zdjeli prikladnoj za mikrovalnu pomiješajte komadiće čokolade i vrhnje. Stavite u mikrovalnu u intervalima od 30 sekundi, miješajući u međuvremenu dok ne postane glatka.
j) Poslužite churrose s čokoladnim umakom za umakanje.

83.Churros punjen karamelom

SASTOJCI:
- 1 šalica vode
- 2 žlice šećera
- ½ žličice soli
- 2 žlice biljnog ulja
- 1 šalica višenamjenskog brašna
- Biljno ulje za prženje
- ¼ šalice šećera (za premazivanje)
- 1 žličica mljevenog cimeta (za premazivanje)
- Pripremljeni karamel umak

UPUTE:
a) U loncu pomiješajte vodu, šećer, sol i biljno ulje. Zakuhajte smjesu.
b) Maknite lonac s vatre i dodajte brašno. Miješajte dok se smjesa ne oblikuje u kuglu tijesta.
c) Zagrijte biljno ulje u dubokoj tavi ili loncu na srednje jakoj vatri.
d) Premjestite tijesto u vrećicu sa zvjezdastim vrhom.
e) Ubacite tijesto u vruće ulje, režući ga nožem ili škarama na komade dužine 4-6 inča.
f) Pržite dok ne porumene sa svih strana, povremeno okrećući.
g) Churrose izvadite iz ulja i ocijedite na papirnatom ručniku.
h) U posebnoj zdjeli pomiješajte šećer i cimet. Churrose uvaljajte u mješavinu šećera s cimetom dok se ne prekriju.
i) Pomoću šprice ili slastičarske vrećice napunite churrose pripremljenim karamel umakom.
j) Poslužite tople churrose punjene karamelom.

84. Dulce De Leche Churros

SASTOJCI:
- 1 šalica vode
- 2 žlice šećera
- ½ žličice soli
- 2 žlice biljnog ulja
- 1 šalica višenamjenskog brašna
- Biljno ulje za prženje
- ¼ šalice šećera (za premazivanje)
- 1 žličica mljevenog cimeta (za premazivanje)
- Pripremljen dulce de leche

UPUTE:
a) U loncu pomiješajte vodu, šećer, sol i biljno ulje. Zakuhajte smjesu.
b) Maknite lonac s vatre i dodajte brašno. Miješajte dok se smjesa ne oblikuje u kuglu tijesta.
c) Zagrijte biljno ulje u dubokoj tavi ili loncu na srednje jakoj vatri.
d) Premjestite tijesto u vrećicu sa zvjezdastim vrhom.
e) Ubacite tijesto u vruće ulje, režući ga nožem ili škarama na komade dužine 4-6 inča.
f) Pržite dok ne porumene sa svih strana, povremeno okrećući.
g) Churrose izvadite iz ulja i ocijedite na papirnatom ručniku.
h) U posebnoj zdjeli pomiješajte šećer i cimet. Churrose uvaljajte u mješavinu šećera s cimetom dok se ne prekriju.
i) Poslužite churrose s pripremljenim dulce decheom za umakanje.

ROŽATA

85. Čokoladni kolač

SASTOJCI:
- 1 šalica šećera
- 4 jaja
- 2 šalice mlijeka
- ½ šalice gustog vrhnja
- 1 žličica ekstrakta vanilije
- 4 unce gorko-slatke čokolade, nasjeckane

UPUTE:
a) Zagrijte pećnicu na 350°F.
b) U malom loncu otopite šećer na srednjoj vatri dok se ne pretvori u zlatno smeđu karamelu.
c) Ulijte karamelu u okrugli kalup za tortu od 9 inča, okrećite kalup da obložite dno i stranice.
d) U velikoj zdjeli izmiješajte jaja, mlijeko, vrhnje, ekstrakt vanilije i nasjeckanu čokoladu dok smjesa ne postane glatka.
e) Smjesu od jaja ulijte u kalup za tortu, a kalup stavite u veću posudu za pečenje napunjenu vrućom vodom, tako da napravite vodenu kupelj.
f) Pecite 50-60 minuta, ili dok se flan ne stegne, ali još uvijek lagano podrhtava u sredini.
g) Izvadite posudu iz vodene kupelji i ostavite da se ohladi na sobnoj temperaturi.
h) Pokrijte i ohladite u hladnjaku najmanje 2 sata ili preko noći.
i) Za posluživanje prijeđite nožem po rubu posude i preokrenite flan na pladanj za posluživanje.

86.Vanilija Baileys Caramel Flan

SASTOJCI:
- ¾ šalice šećera
- ¼ šalice vode
- Kondenzirano mlijeko od 14 unci
- 12 unci limenke evaporiranog mlijeka
- 3 velika jaja
- ½ šalice Baileys
- ½ žlice ekstrakta vanilije
- prstohvat soli

UPUTE:
a) Zagrijte pećnicu na 350F.
b) Napravite zlatno smeđi šećerni sirup kuhanjem šećera i vode u malom loncu. Pripremite tavu za flan!
c) Zavrtite vruću šećernu karamelu po posudi za pečenje, dobro pokrivajući stranice i dno. Staviti na stranu.
d) Umutite zajedno kondenzirano mlijeko, evaporirano mlijeko, jaja, Baileys, ekstrakt vanilije i sol.
e) Izlijte u pleh i pecite u vodenoj kupelji oko 1 sat, dok se sredina ne podrhtava.
f) Pustite da odstoji preko noći i da biste izvadili kalup, stavite posudu u toplu vodu da olabavi karamel. Brzo preokrenite na tanjur i poslužite ohlađeno.

87.Začinjeni Horchata flan

SASTOJCI:
- ¾ šalice granuliranog šećera
- Košer soli
- ½ žličice mljevenog cimeta
- ⅛ žličice cayennea (ili više, ovisno koliko volite zagrijati)
- 10 organskih žumanjaka Pete and Gerry
- 6 unci koncentrata horchate
- 2 (12 unci) limenke evaporiranog mlijeka

UPUTE:

a) Zagrijte pećnicu na 350°F. Pomiješajte 3 žlice vode, šećer i prstohvat soli u malom loncu na srednje jakoj vatri. Bez miješanja otopite šećer dok se potpuno ne otopi, oko 5 minuta.

b) Nakon što se šećer rastopi, pojačajte vatru na srednje nisku i nastavite kuhati dok ne dobije duboku jantarnu boju, povremeno lagano vrteći tavu, 15 do 18 minuta. Po potrebi smanjite toplinu.

c) Čim karamela poprimi duboku jantarnu boju, smanjite vatru, dodajte mljeveni cimet i kajensku papriku i snažno zakrenite tavu da se sjedini. Zatim odmah izlijte karamel u kalup za tortu od 8 inča ili ga ravnomjerno podijelite na ramekine. Pustite da se karamel potpuno ohladi.

d) Dok se karamel hladi, u velikoj zdjeli pomiješajte žumanjke, koncentrat horchate i evaporirano mlijeko. Vrlo lagano miješajte kružnim pokretima. Što jače mutite, više će se mjehurića stvoriti u vašoj kremi, ostavljajući mjehuriće u gotovom proizvodu.

e) Lagano ulijte smjesu kroz mrežasto cjedilo u mjernu posudu. Trebali biste imati oko 4 šalice smjese. Ostavite smjesu da odstoji kako bi se slegli mjehurići koji su se stvorili. Ulijte smjesu u kalup za torte ili smjesu ravnomjerno podijelite u kalupe.

f) Stavite posudu za pečenje u posudu za pečenje, a zatim stavite posudu za pečenje u pećnicu. Dodajte ključajuću vodu u posudu za pečenje tako da okružuje posudu za pečenje s oko 1 inč vode. Pecite flan dok ne postane čvrst oko rubova i još uvijek klimav u sredini, 40 do 45 minuta.

g) Izvadite posudu za flan iz vodene kupelji i ostavite da se ohladi do sobne temperature. Premjestite u hladnjak i ostavite da se stegne, oko 4 sata. Kada ste spremni za posluživanje, izvadite flan iz hladnjaka i ostavite da odstoji 10 minuta. Prođite nožem oko rubova i stavite pladanj za posluživanje naopako na vrh. Preokrenite flan na pladanj, ostružući svu labavu karamelu.

88.piment flan

SASTOJCI:
- 1 šalica granuliranog šećera
- 6 velikih jaja
- 1 limenka (14 unci) zaslađenog kondenziranog mlijeka
- 2 šalice punomasnog mlijeka
- 1 žličica ekstrakta vanilije
- 1 žličica mljevene pimente

UPUTE:
a) Zagrijte pećnicu na 350°F.
b) Zagrijte šećer u malom loncu na srednje jakoj vatri, neprestano miješajući dok se ne rastopi i dobije zlatnosmeđu boju.
c) Ulijte karamelu u okrugli kalup za tortu od 9 inča i vrtite ga okolo da obložite dno i stranice kalupa.
d) U velikoj zdjeli za miješanje umutite jaja, kondenzirano mlijeko, punomasno mlijeko, ekstrakt vanilije i mljeveni piment dok se dobro ne sjedine.
e) Ulijte smjesu u pripremljenu tepsiju.
f) Stavite posudu za pečenje u veliku posudu za pečenje i ulijte dovoljno vruće vode u posudu za pečenje da dođe do polovice stijenki posude za tortu.
g) Pecite oko 50-55 minuta, ili dok se flan ne stegne, ali još uvijek podrhtava u sredini.
h) Izvadite kalup za tortu iz vodene kupelji i ostavite da se ohladi na sobnoj temperaturi.
i) Kada se ohladi, preokrenite flancu na posudu za posluživanje i ukrasite posipanom mljevenom pimentom.

TRES LECHES KOLAČ

89.Passionfruit Tres Leches torta

SASTOJCI:
ZA TORTU:
- 12 žlica (170 g) neslanog maslaca, na sobnoj temperaturi
- 1 ½ šalice (297 g) granuliranog šećera
- 7 velikih (397 g) jaja
- 1 ½ žličice (7 g) ekstrakta vanilije
- 2 ¼ šalice (271 g) višenamjenskog brašna
- 1 ½ čajna žličica (6 g) praška za pecivo
- ¾ žličice (3 g) fine morske soli

NAMAKANJE:
- ¾ šalice (185 g) soka od marakuje (preporučuje se marka Goya)
- ½ šalice (112 g) punomasnog mlijeka
- Jedna limenka (14 unci) zaslađenog kondenziranog mlijeka
- Jedna limenka (12 unci) evaporiranog mlijeka
- Blago zaslađeno vrhnje za šlag, za kraj
- Pulpa marakuje, za doradu

UPUTE:
a) Zagrijte pećnicu na 350°F. Lagano namastite tavu 9x13 neljepljivim sprejom.
b) U zdjeli električnog miksera opremljenog nastavkom s lopaticom miksajte maslac i šećer dok ne postanu svijetli i pjenasti, 4-5 minuta.
c) Dodajte jedno po jedno jaje i dobro promiješajte da se sjedini. Dodajte vaniliju i promiješajte da se sjedini.
d) U srednjoj zdjeli pomiješajte brašno, prašak za pecivo i sol da se sjedine. Dodajte smjesu u mikser i miješajte dok se ne sjedini. Dobro ostružite kako bi se tijesto ujednačilo.
e) Ulijte smjesu u pripremljenu tepsiju. Pecite dok čačkalica zabodena u sredinu ne izađe čista, 38-40 minuta. Pustite da se potpuno ohladi.
f) Kolač nabodite po cijeloj površini drvenim štapićem. Cijelu tortu ravnomjerno prelijte sokom od marakuje. U velikoj posudi s izljevom za izlijevanje pjenjačom pomiješajte mlijeko, zaslađeno kondenzirano mlijeko i evaporirano mlijeko.
g) Lagano izlijte smjesu po kolaču, pustite da se upije kroz rupice. Ako se nešto tekućine skupi na površini, žlicom je prelijte po kolaču dok se ne upije (ostavite oko 30 minuta).
h) Završite tortu šlagom i svježom pulpom marakuje. Poslužite odmah ili ostavite u hladnjaku do 5 sati prije posluživanja.

90. Guava Tres Leches torta

SASTOJCI:
ZA TORTU:
- 1 ¾ šalice brašna
- 1 žličica praška za pecivo
- ¼ žličice soli
- 6 jaja, odvojiti žumanjke od bjelanjaka
- ½ šalice neslanog maslaca, sobne temperature
- 1 šalica bijelog granuliranog šećera
- ½ šalice punomasnog mlijeka
- 2 žličice ekstrakta vanilije

ZA TRES LECHES GLAZURU:
- 14 unci zaslađenog kondenziranog mlijeka
- 12 unci evaporiranog mlijeka
- 12 unci punomasnog mlijeka (možete dodati više prema ukusu)

ZA ŠLAG I PRELJEV OD GUAVE:
- 2 šalice gustog vrhnja
- 3 žlice bijelog granuliranog šećera
- 1 žličica ekstrakta vanilije
- ½ šalice marmelade od guave (možete dodati više prema ukusu)

UPUTE:
NAPRAVITE TORTU:
a) U zdjeli pomiješajte brašno, prašak za pecivo i sol. Staviti na stranu.
b) Odvojite jaja, a bjelanjke stavite u čistu zdjelu.
c) U mikseru pomiješajte maslac i šećer. Miksajte dok ne postane kremasto (oko 3-5 minuta).
d) Dodajte jedan po jedan žumanjak, nakon svakog dodavanja miksajući.
e) Pomiješajte ekstrakt vanilije i ½ šalice mlijeka.
f) Zagrijte pećnicu na 350 stupnjeva F.
g) Postupno dodajte smjesu brašna u mokre sastojke, stružući stijenke zdjele prema potrebi.
h) Premjestite tijesto u posebnu zdjelu.
i) U čistoj zdjeli za miješanje tucite bjelanjke dok se ne stvore čvrsti snijeg.
j) Izmućene bjelanjke umiješajte u tijesto za kolače.

k) Namastite posudu za pečenje 9x13 i ulijte tijesto.
l) Pecite na 350 stupnjeva F 25-30 minuta ili dok čačkalica ne izađe suha.
m) Izvadite kolač iz pećnice i izbodite ga vilicom.
n) U zdjeli pomiješajte zaslađeno kondenzirano mlijeko, evaporirano mlijeko i punomasno mlijeko. Prelijte glazuru preko kolača ½ šalice u isto vrijeme, ponavljajući 2-3 puta.
o) Prelijte tučenim vrhnjem i guava marmeladom. Umiješajte marmeladu od guave u šlag.
p) Ostavite u hladnjaku najmanje 4 sata ili preko noći prije posluživanja.

PRELJEV OD ŠLAGA:
q) U samostalni mikser dodajte vrhnje, šećer i ekstrakt vanilije.
r) Miješajte na velikoj brzini dok se ne formiraju čvrsti vrhovi i ne podsjećaju na šlag. Nemojte pretjerano miješati.
s) Potpuno ohlađenu tortu prelijte vrhnjem za šlag i guava marmeladom. Uživati!

91.Baileys Tres Leches torta

SASTOJCI:
ZA TORTU:
- 1 ½ šalice (6,75 unci ili 191 gram) višenamjenskog brašna
- 1 ½ žličice praška za pecivo
- ½ žličice košer soli
- ½ šalice (4 unce ili 113 grama) punomasnog mlijeka
- 1 ½ žličice čistog ekstrakta vanilije
- 6 velikih jaja, razdvojiti na bjelanjke i žumanjke
- 1 šalica (7 unci ili 198 grama) granuliranog šećera

ZA NAMAKANJE BAILEYS TRES LECHES:
- 1 (14 unci) limenka zaslađenog kondenziranog mlijeka
- 1 (12 unci) limenka evaporiranog mlijeka
- ½ šalice (4 unce ili 113 grama) Baileys Irish Cream

ZA ŠLAG:
- 1 ½ šalice (12 unci ili 340 grama) hladnog vrhnja
- ¼ šalice (1 unca ili 28 grama) slastičarskog šećera, prosijanog ako je potrebno
- Kakao prah, za ukras
- Espresso u prahu, za ukras

UPUTE:
ZA TORTU BAILEYS TRES LECHES:
a) Zagrijte pećnicu na 350°F i obilno pošpricajte kalup za tortu od 9 x 13 inča sprejom za kuhanje.
b) Pomiješajte brašno, prašak za pecivo i sol u maloj posudi. U posebnoj posudi umutite mlijeko i vaniliju.
c) U samostojećem mikseru umutite bjelanjke dok ne postanu čvrsti snijeg. U drugoj zdjeli pjenasto izmiksajte žumanjke i šećer do blijedožute boje. Polako dodajte mokre sastojke te umiješajte suhe sastojke i snijeg od bjelanjaka.
d) Ulijte tijesto u pripremljenu posudu i pecite 18 do 20 minuta. Potpuno ohladite na rešetki.

ZA NAMAKANJE:
e) Kada se kolač ohladi, izbušite vilicom rupe na vrhu. U mjernoj posudi pomiješajte zaslađeno kondenzirano mlijeko, evaporirano

mlijeko i Baileys. Polako prelijte preko torte, pustite da se tekućina upije. Ostavite u hladnjaku 3 do 4 sata ili preko noći.

ZA ŠLAG:
f) U mikseru pomiješajte hladno vrhnje i slastičarski šećer. Mutite dok se ne formiraju mekani vrhovi.

SASTAVLJANJE ZA POSLUŽIVANJE:
g) Razmažite šlag preko torte pomoću offset lopatice.
h) Ukrasite kakaom u prahu i espresso prahom.

92. Bijeli ruski Tres Leches

SASTOJCI:

ZA TORTU:
- 1 ¾ šalice brašna za kolače
- 2 žličice praška za pecivo
- 4 jaja, odvojena
- 1 ½ šalice granuliranog šećera
- ¼ žličice soli
- 2 žličice ekstrakta vanilije
- ½ šalice punomasnog mlijeka

ZA UMAK:
- 1 (14 unci) limenka kondenziranog mlijeka
- 1 (12 unci) limenka evaporiranog mlijeka
- ½ šalice punomasnog mlijeka
- ⅓ šalice votke
- ⅓ šalice likera od kave (kao što je Kahlua)
- ⅓ šalice irskog krem likera (kao što je Bailey's)

ZA PRELJEV:
- 2 šalice gustog vrhnja
- 1 ½ žlice granuliranog šećera
- 2 žličice ekstrakta vanilije
- Nezaslađeni kakao prah za posipanje (po želji)

UPUTE:

a) Zagrijte pećnicu na 350°F (177°C, oznaka 4).
b) Prosijte zajedno brašno za kolače, prašak za pecivo i sol. Staviti na stranu.
c) U stalnom mikseru s nastavkom za pjenjaču ili velikoj zdjeli za miješanje s ručnim mikserom, umutite bjelanjke srednjom brzinom dok ne nalikuju pjenušavoj kupki. Dodajte 1 ½ šalice šećera i mutite velikom brzinom dok se ne formiraju čvrsti vrhovi.
d) Polako umiješajte jedan po jedan žumanjak. Dodajte pola suhih sastojaka, pola mlijeka i ekstrakt vanilije, ostatak suhih sastojaka i preostalo mlijeko. Miješajte dok se ne sjedini, a zatim izlijte u posudu za pečenje 9x13".
e) Pecite 30-35 minuta dok tester umetnut u sredinu ne izađe čist.

f) Pomiješajte sastojke za umak u zdjeli dok ne postanu glatki. Dok je torta još topla, izbušite ražnjićem vrh i ravnomjerno prelijte umak preko torte.
g) Ohladite kolač najmanje 2 sata ili preko noći ako ste ga napravili unaprijed.
h) Za preljev, umutite čvrsto vrhnje i šećer velikom brzinom dok se ne formiraju čvrsti vrhovi. Umiješajte vaniliju.
i) Izlupajte ili rasporedite šlag na vrh torte i po želji pospite nezaslađenim kakaom u prahu.
j) Poslužite i uživajte!

93. Breskva Bourbon Tres Leches

SASTOJCI:
ZA TORTU:
- 1 šalica višenamjenskog brašna
- 1 ½ žličice praška za pecivo
- ¼ žličice soli
- 5 jaja, sobne temperature
- 1 šalica šećera, podijeljena
- ⅓ šalice mlijeka
- ½ žličice ekstrakta vanilije

ZA MLIJEČNU MJEŠAVINU:
- 1 (14 unci) limenka zaslađenog kondenziranog mlijeka
- 1 (12 unci) limenka evaporiranog mlijeka
- ¾ šalice jakog vrhnja za šlag
- ¼ šalice burbona
- ½ žličice cimeta

ZA MONTAŽU:
- 4 do 5 breskvi, po želji oguljenih i narezanih

ŠLAG PRELJEV:
- 2 ½ šalice gustog vrhnja
- ¼ šalice šećera

UPUTE:
a) Zagrijte pećnicu na 350 stupnjeva. Premažite maslacem tavu veličine 9X13 inča. Tepsiju obložite papirom za pečenje i malo premažite maslacem.
b) Prosijte zajedno brašno, prašak za pecivo i sol.
c) U električnoj miješalici tucite žumanjke s ¾ šalice šećera srednjom brzinom dok ne postanu blijeda i kremasta (oko 2 minute). Umutiti mlijeko i vaniliju.
d) U čistoj zdjeli za miješanje tucite bjelanjke počevši od niske brzine pa sve do veće dok se ne formiraju mekani snijeg (oko 2 do 3 minute). Postupno dodajte ¼ šalice šećera, nastavljajući tući dok se ne formiraju čvrsti vrhovi.
e) Radeći po trećinama, gumenom lopaticom umiješajte ⅓ smjese brašna, a zatim ⅓ bjelanjaka u smjesu žumanjaka. Ponovite ovaj postupak još 2 puta.

f) Ulijte tijesto u pripremljenu posudu i pecite 20 do 25 minuta. Ostavite kolač da se ohladi 5 minuta, zatim ga preokrenite na rešetku za hlađenje, skinite papir za pečenje i ostavite da se potpuno ohladi. Kolač vratiti u tepsiju.
g) U srednjoj zdjeli pomiješajte zaslađeno kondenzirano mlijeko, evaporirano mlijeko, ¾ šalice jakog vrhnja za šlag, burbon i cimet.
h) Izbodite tortu po cijeloj vilicom i polako prelijte smjesu burbona po vrhu torte.
i) Pokrijte tortu plastičnom folijom i stavite u hladnjak na najmanje 4 sata ili preko noći.
j) Pokrijte vrh torte kriškama breskve, a nekoliko kriški sačuvajte za ukrašavanje.
k) Za izradu tučenog preljeva, čvrsto vrhnje istucite električnom miješalicom na srednjoj brzini. Kad se počne zgušnjavati, polako dodajte šećer. Nastavite tući dok ne postigne čvrste vrhove. Premažite ga na vrh torte.
l) Ukrasite odvojenim kriškama breskve.
m) Uživajte u ovom hladnom, kremastom i bogatom Peach Bourbon Tresu Leches Cake na vašem sljedećem ljetnom okupljanju!

94.Margarita Tres Leches torta

SASTOJCI:
- 4 velika jaja, odvojena
- 1 šalica šećera
- ½ šalice tekile
- ½ šalice otopljenog maslaca
- 6 žlica ključnog soka limete, podijeljeno
- 1 žličica ekstrakta vanilije
- 1-¾ šalice višenamjenskog brašna
- 1 žličica sode bikarbone
- ½ žličice soli
- ½ šalice slastičarskog šećera
- 1 žličica kreme od zubnog kamenca
- 1 limenka (14 unci) zaslađenog kondenziranog mlijeka
- 1 šalica 2% mlijeka
- ½ šalice evaporiranog mlijeka
- ½ šalice jakog vrhnja za šlag
- Po želji: šlag, kriške limete i korica

UPUTE:

a) Stavite bjelanjke u veliku zdjelu; ostavite da stoji na sobnoj temperaturi 30 minuta. Namastite i pobrašnite 13x9-in. tava za pečenje; Staviti na stranu. Zagrijte pećnicu na 375°.

b) Pomiješajte šećer, tekilu, rastopljeni maslac, žumanjke, 3 žlice soka limete i vaniliju dok se dobro ne sjedine. Pomiješajte brašno, sodu bikarbonu i sol; postupno umiješajte u smjesu žumanjaka dok se ne sjedini.

c) Bjelanjcima dodajte slastičarski šećer i tartar; tucite čistim mješalicama dok se ne formiraju čvrsti vrhovi. Preklopiti u tijesto. Prebacite u pripremljenu posudu.

d) Pecite dok čačkalica zabodena u sredinu ne izađe čista, 18-20 minuta. Posudu stavite na rešetku. Drvenim ražnjem izbušite rupe u kolaču na udaljenosti od oko ½ inča.

e) Tucite kondenzirano mlijeko, 2% mlijeka, evaporirano mlijeko, vrhnje za šlag i preostali sok od limete dok se ne sjedine. Prelijte tortu; ostavite da odstoji 30 minuta. Stavite u hladnjak na 2 sata prije posluživanja.

f) Kolač izrežite na kvadrate. Po želji ukrasite šlagom, kriškama limete i koricom.

95.Pumpkin Spice Tres Leches torta

SASTOJCI:
ZA TORTU:
- 1½ šalice granuliranog bijelog šećera
- 15 unci (1 konzerva) čistog pirea od bundeve (nemojte koristiti nadjev za pitu od bundeve)
- ¾ šalice biljnog ili uljane repice
- 2 žličice čistog ekstrakta vanilije
- 4 velika jaja
- 2 šalice višenamjenskog brašna
- 2 žličice praška za pecivo
- 1 žličica sode bikarbone
- ½ žličice soli
- 2 žličice mljevenog cimeta
- 1½ žličice začina za pitu od bundeve

ZA NADJEV ZA TRES LECHES:
- ¾ šalice jakog vrhnja za šlag
- 12 unci evaporiranog mlijeka (jedna limenka)
- 14 unci zaslađenog kondenziranog mlijeka (jedna limenka)

ZA GLAZURU OD ŠLAGA:
- 1¼ šalice jakog vrhnja za šlag
- ¼ šalice slastičarskog šećera
- Mljeveni cimet, za posipanje po vrhu (po želji)

UPUTE:
a) Zagrijte pećnicu na 350°F. Laganu metalnu pravokutnu posudu za pečenje 13x9 namastite sprejom za kuhanje. Staviti na stranu.
b) U velikoj zdjeli samostojećeg miksera pomiješajte granulirani šećer, pire od bundeve, ulje, jaja i ekstrakt vanilije dok se ne sjedine. U posebnoj zdjeli pomiješajte brašno, prašak za pecivo, sodu bikarbonu, sol i začine. Postupno dodajte mješavinu brašna u smjesu od bundeve, miješajući dok ne postane glatka. Ulijte tijesto u pripremljenu tepsiju i poravnajte vrh.
c) Pecite 25-30 minuta ili dok čačkalica zabodena u sredinu ne izađe čista. Pustite da se ohladi 15 minuta.
d) Dok se torta hladi, umutite čvrsto vrhnje za šlag, evaporirano mlijeko i zaslađeno kondenzirano mlijeko u zdjeli. Staviti na stranu.

e) Izbušite rupe po cijelom toplom kolaču pomoću ražnjića, tipli ili drške drvene žlice. Mliječnu smjesu ravnomjerno prelijte preko kolača. Pokrijte i ostavite u hladnjaku 8 sati ili preko noći.
f) Neposredno prije posluživanja, umutite čvrsto vrhnje za šlag i slastičarski šećer dok se ne formiraju čvrsti vrhovi.
g) Tortu premažite šlagom i po želji pospite mljevenim cimetom.
h) Tortu poklopljenu čuvati u hladnjaku.

96.Cinnamon Tres Leches torta

SASTOJCI:
ZA TORTU:
- 1 šalica višenamjenskog brašna
- 1 ½ žličice praška za pecivo
- ¼ žličice soli
- 4 velika jaja
- 1 šalica granuliranog šećera
- ⅓ šalice punomasnog mlijeka
- 1 žličica ekstrakta vanilije

ZA MLIJEČNU MJEŠAVINU:
- 1 limenka (14 unci) zaslađenog kondenziranog mlijeka
- 1 limenka (12 unci) evaporiranog mlijeka
- 1 šalica punomasnog mlijeka

ZA PRELJEV:
- 2 šalice gustog vrhnja
- 2 žlice šećera u prahu
- Mljeveni cimet za ukras

UPUTE:
a) Zagrijte pećnicu na 350°F (175°C) i namastite posudu za pečenje 9x13 inča.
b) U zdjelu prosijte zajedno brašno, prašak za pecivo i sol.
c) U posebnoj posudi istucite jaja i šećer dok ne postanu svijetla i pjenasta. Dodajte mlijeko i ekstrakt vanilije i dobro promiješajte.
d) Postupno dodajte suhe sastojke u smjesu od jaja i miješajte dok ne postane glatko.
e) Ulijte tijesto u pripremljenu posudu za pečenje i pecite oko 30 minuta ili dok čačkalica zabodena u sredinu ne izađe čista.
f) Dok je kolač još topao izbodite ga vilicom po cijeloj površini.
g) U posebnoj zdjeli pomiješajte tri mlijeka (zaslađeno kondenzirano mlijeko, evaporirano mlijeko i punomasno mlijeko).
h) Topli kolač ravnomjerno prelijte mješavinom tri mlijeka. Pustite da se upije i ohladi na sobnu temperaturu.
i) U drugoj posudi umutite vrhnje sa šećerom u prahu dok se ne formiraju čvrsti vrhovi.
j) Vrh torte premažite šlagom.
k) Ohladite Tres Leches tortu u hladnjaku nekoliko sati prije posluživanja.
l) Neposredno prije posluživanja pospite mljevenim cimetom.

DESERTNE DASKE

97.Desertna ploča Cinco De Mayo Fiesta

SASTOJCI:
- Churro zalogaji
- Tres Leches torte kvadrati
- Margarita kolačići
- Dulce de Leche -punjene Conchas
- Kriške manga sa začinima od limete i čilija
- Meksički čokoladni tartufi
- Piñata šećerni kolačići

UPUTE:
a) Rasporedite churro zalogaje i tres leches kolač kvadrati.
b) Stavite kolačiće s margaritom i kolače punjene dulce de lecheom .
c) Pospite kriške manga začinom od limete i čilija.
d) Uključite meksičke čokoladne tartufe i piñate šećerne kolačiće.

98. Churro ploča za desert

SASTOJCI:
- Domaći ili kupljeni churros
- Dulce de leche umak
- Čokoladni umak
- Cimet šećer
- Svježe bobičasto voće (jagode, maline, borovnice)
- Narezani mango
- Narezani ananas
- Šlag
- Minijaturni meksički bomboni (kao što su pikantni tamarind bomboni)
- Karamel umak (po želji)

UPUTE:
a) Rasporedite churrose u sredinu velike daske za posluživanje ili pladnja.
b) Oko churrosa stavite male zdjelice s umakom dulce de leche, čokoladnim umakom i šećerom od cimeta.
c) Posložite svježe bobičasto voće, narezani mango i narezani ananas u grozdovima oko daske.
d) Između grozdova voća dodajte malo tučenog vrhnja.
e) Pospite minijaturne meksičke bombone po dasci za dodatnu boju i okus.
f) Po želji, pokapajte umak od karamele preko churrosa za dodatnu slatkoću.
g) Poslužite dasku za desert churro i uživajte!

99. Desertna ploča Tres Leches

SASTOJCI:
- Tres leches kolač, izrezati na male kvadrate
- Šlag
- Narezane jagode
- Narezani kivi
- Narezane breskve
- Narezane banane
- Pržene kokosove pahuljice
- Sjeckani orašasti plodovi (kao što su bademi ili pekan orasi)
- Listići svježe mente za ukrašavanje
- Dulce de leche umak (po želji)

UPUTE:
a) Rasporedite tres leches torte kvadratiće u sredini velike daske za posluživanje ili pladnja.
b) Stavite komade tučenog vrhnja oko kvadrata torte.
c) Posložite narezane jagode, kivi, breskve i banane u grozdovima po dasci.
d) Preko šlaga i voća pospite pržene kokosove pahuljice i nasjeckane orašaste plodove.
e) Ukrasite listićima svježe mente za dašak boje.
f) Po želji, tres pokapajte dulce de leche umakom leches kolač kvadrati za dodatnu slatkoću.
g) Poslužite tres leches daska za desert i uživajte!

100. Meksička voćna salata Desertna ploča

SASTOJCI:
- Razno svježe voće (kao što su lubenica, dinja, medljika, ananas, mango, jicama, krastavac)
- Tajín začin
- Kriške limete
- Chamoy umak
- Tamarind bomboni
- Kokosov čips
- Meksičke palete (popsicles) u raznim okusima (poput manga, limete ili kokosa)
- Listići svježe mente za ukrašavanje

UPUTE:
a) Razno svježe voće narežite na komade veličine zalogaja i rasporedite ih u šarene grozdove na veliku dasku ili pladanj za posluživanje.
b) Pospite tajín začinom po voću ili ga poslužite u maloj zdjelici sa strane.
c) Stavite kriške limete oko daske za cijeđenje preko voća.
d) Prelijte umak od chamoy preko dijela voća za pikantan i pikantan okus.
e) Po dasci razbacajte tamarind bombone i čips od kokosa za dodatnu teksturu i okus.
f) Posložite meksičke palete (popsicles) u raznim okusima na dasku za osvježavajuću poslasticu.
g) Ukrasite listićima svježe mente za završni dodir.
h) Poslužite desertnu ploču meksičke voćne salate i uživajte u živahnim okusima tropskih krajeva!

ZAKLJUČAK

Dok završavamo naše kulinarsko putovanje kroz živahni i ukusni svijet Cinco de Mayo, nadam se da vam je ova kuharica pružila inspiraciju, radost i dublje cijenjenje meksičke kuhinje i kulture. Od cvrčanja tacosa do slatkoće tresa leches , svaki je recept pažljivo osmišljen kako bi na vaš stol donio pravu esenciju Cinco de Mayo.

Želim vam se od srca zahvaliti što ste mi se pridružili u ovoj ukusnoj avanturi. Vaš entuzijazam i strast za istraživanjem novih okusa i slavljenjem različitih kultura učinili su ovo putovanje uistinu posebnim. Neka vaše buduće proslave Cinco de Mayo budu ispunjene smijehom, ljubavlju i nezaboravnim kulinarskim iskustvima.

Dok nastavljate istraživati bogatu tapiseriju meksičke kuhinje, neka vam bude zadovoljstvo dijeliti ova ukusna jela sa svojim najdražima i stvarati drage uspomene za stolom . Bez obzira organizirate li svečana okupljanja, uživate u ugodnim obiteljskim obrocima ili se jednostavno počastite ukusnim tacosom ili kriškom tres leches kolač, neka duh Cinco de Mayo uvijek bude s tobom.

Hvala vam još jednom što ste mi omogućili da budem dio vaše kulinarske avanture. Dok se ponovno ne sretnemo, neka vaša kuhinja bude ispunjena živim okusima i toplim gostoprimstvom Meksika. ¡Viva Cinco de Mayo!

www.ingramcontent.com/pod-product-compliance
Lightning Source LLC
Chambersburg PA
CBHW070345120526
44590CB00014B/1049